U0813360

"十三五"国家重点图书出版规划项目
面向挑战的隧道及地下工程
丛书总主编
洪开荣

四线换乘超大规模地铁车站施工关键技术应用

洪开荣　董子龙　编著

人民交通出版社股份有限公司
北京

内 容 提 要

本书以深圳地铁车公庙四线换乘超大综合交通枢纽工程建设实例为对象，详细介绍了枢纽的工程概况、施工重难点、总体施工部署、围护结构施工工艺及控制方法、基坑开挖方法、主体结构施工流程及方法，重点讲解了盖挖土方、矮支模、中立柱快速定位、自行式模板台车、盖挖逆作施工缝、通道顶管等施工技术控制要点，并对车站周边复杂环境的处理形式、控制技术及信息化监测的实施评价进行了全面阐述。全书共分为5章，分别为概况、过程施工、施工管理的关键卡控点及方法、周边环境风险控制形式及新技术、施工信息化监测技术等，力求通过归纳和总结，不断提升地铁超大综合交通枢纽建设技术、管理及新技术应用水平。

本书可供从事城市轨道交通工程科研、设计、施工的工程技术人员使用，也可作为高校相关专业师生的参考用书。

图书在版编目(CIP)数据

四线换乘超大规模地铁车站施工关键技术应用 / 洪开荣，董子龙编著. — 北京 ：人民交通出版社股份有限公司，2025. 3. — ISBN 978-7-114-20129-5

Ⅰ. U231.4

中国国家版本馆 CIP 数据核字第 2025DS0269 号

面向挑战的隧道及地下工程

Sixian Huancheng Chaoda Guimo Ditie Chezhan Shigong Guanjian Jishu Yingyong

书　　名：**四线换乘超大规模地铁车站施工关键技术应用**

著 作 者：洪开荣　董子龙

责任编辑：李　娜

责任校对：赵媛媛

责任印制：张　凯

出版发行：人民交通出版社股份有限公司

地　　址：(100011)北京市朝阳区安定门外外馆斜街3号

网　　址：http://www.ccpcl.com.cn

销售电话：(010)85285857

总 经 销：人民交通出版社股份有限公司发行部

经　　销：各地新华书店

印　　刷：北京建宏印刷有限公司

开　　本：787×1092　1/16

印　　张：7.25

字　　数：155千

版　　次：2025年3月　第1版

印　　次：2025年3月　第1次印刷

书　　号：ISBN 978-7-114-20129-5

定　　价：88.00元

丛书编写委员会

本册编写委员会

主 任 委 员

覃正杨

副主任委员

董子龙　李建高　黄海山　余富先

主要撰稿人

丁加亮　唐贤海　张海行　喻鲲鹏　杨永祥　丁慧文　杜发平
孟树红　苟亚辉　刘云龙　冯　举　杜佳佳　俞建铂　李建宁

编　　委

丁加亮　石清虎　田德雄　沙平平　李建宁　杜发平　黄从刚
张　志　张海行　唐贤海　孟树红　杨永祥　周　飞　丁慧文
俞建铂　曾秋勇　喻鲲鹏

本　册　顾　问

张存旭　王锡锋　余富先　张明浩　常　翔　张　迅

主 编 单 位

中铁隧道局集团有限公司

中铁隧道集团三处有限公司

深圳市地铁集团有限公司

协 编 单 位

中铁二院集团工程有限责任公司

深圳市市政设计研究院有限公司

铁四院(湖北)工程监理咨询有限公司

面向挑战的隧道及地下工程

Application of Key Construction Technologies of Four-line Transfer to Super Large Scale Metro Station

从 书 序

Introductory

200 万年前人类祖先已择洞而居,遮蔽风雨,抵御猛兽。中华文明文字记载的隧洞挖掘可追溯至公元前722年郑庄公与其母姜氏"阙地及泉,隧而相见"。人类经过不断探索研究和工程实践,如今随着技术的不断进步与可持续的文明发展,人们对采用隧道与地下工程解决人类生存与地面环境矛盾的认识越来越深刻,如解决地面交通拥堵的问题、解决水资源分布不均的问题、解决地表土地资源稀缺的问题、解决能源安全储存的问题、解决城市地表环境的问题,等等。特别是进入21世纪以来,人类已广泛形成了"来自地表挑战的地下工程解决方案"的共识。同时,正是这些应对挑战的隧道与地下工程解决方案,使得隧道与地下工程建设本身又面临着新的技术挑战,如超深埋的山岭隧道、超浅埋的城市隧道、超长隧道、跨江越海隧道以及复杂地面与地下建(构)筑物环境下的隧道与地下工程等。另外,隧道及地下工程建设还要面临极其复杂的地质条件与恶劣环境的挑战,如高地温、高地应力、高水压、极硬岩、极软岩、地下有害气体、岩溶等。

新中国成立以后,随着铁路、公路、水利水电等基础设施的大规模建设,隧道与地下工程进入快速发展期。至20世纪末,我国累计建成铁路隧道6211座,隧道总长度达3514km,为新中国成立前铁路隧道总长度的22倍。进入21世纪以来,我国的铁路、公路、水利水电、城市地铁、综合管廊、城市地下空间、能源洞库等得到爆发式的发展,我国一跃成为隧道与地下工程发展最快的国家,隧道总量居全球首位。至2017年年底,我国运营隧道(洞)总长达39882km,在建隧道总长约17000km,规划的隧道长度约25000km。隧道与地下工程呈现出向多领域应用延伸,并具有明显地向复杂山区、城市人口密集敏感区发展的趋势。可以说,21世纪,隧道与地下工程将大有作为,但面临的挑战与压力也将是史无前例的。

中铁隧道局集团有限公司(简称"中铁隧道局")为原铁道部隧道工程局,是国内隧道与地下工程建设的主力军,年隧道建设能力达500km以上,累计建成隧道(洞)约7000km。中铁隧道局自1978年建局以来,承担了我国大量的重、难、险隧道与地下工程建设任务,承建了众多具有标志性、里程碑意义的隧道与地下工程，如首次采用新奥法原理修建的衡广复线大瑶山隧道(14.295km)—开创了我国修建长度超过10km以上隧道的先河，创立浅埋暗挖法修建的北京地铁复兴门折返线—标志着我国地铁建设由“开膛破肚”进入暗挖法时代，首次采用沉管法修建的宁波甬江隧道—标志着我国水下隧道建设的跨越，创建复合盾构施工工法建设的广州地铁2号线越秀公园—广州火车站—三元里区间隧道—标志着我国地铁建设迈入盾构时代。从北京地铁，到广州地铁，再到全国其他43座城市的地铁建设，标志着我国地铁建设技术迈入了引领行列；从穿越秦岭的西康铁路秦岭隧道(19.8km)，到兰武铁路乌鞘岭隧道(20.05km)、南库二线中天山隧道(22.48km)、兰渝线西秦岭隧道(28.24km)、成兰线平安隧道(28.43km)等众多20km以上的隧道，再到兰新铁路关角隧道(32.6km)、大瑞铁路高黎贡山隧道(34.5km)，以及引水工程的引松隧洞(69.8km)、引汉济渭隧洞(98.3km)、引鄂喀双隧洞(283km)，展示着我国采用钻爆法、TBM法技术能力的综合跨越；从“万里长江第一隧”武汉长江隧道，到首座钻爆法海底隧道厦门翔安隧道、海域第一长隧广深港高铁的狮子洋隧道(10.8km)、首座内河水下立交隧道长沙营盘路湘江隧道、内河沉管隧道南昌红谷隧道，镌刻下我国水下隧道建设技术的成熟与超越；从平原、到高山、到水下，隧道无处不在，给人们带来了便利生活与环境的改善。同时伴随着这些代表性隧道工程的建设，我国隧道施工机械装备与技术方法，也实现了一个又一个台阶的跨越，每一个台阶无不留有隧道人为人类美好生活而挑战自然、驾驭自然的智慧与创造。

“隧贯山河，道通天下”是隧道人的追求与梦想，更是我们的情怀，也是我们对美好生活向往的真实写照！中铁隧道局的广大技术人员，本着促进隧道技术进步、共享隧道建设成果为目的，以承建的重、难、险隧道工程为依托，计划将隧道建设中遇到的难题、形成的技术、积累的经验以及对隧道工程的思考，以专题技术的方式记录和编写一部部出版物，形成“面向挑战的隧道及地下工程”系列丛书。希望本丛书对隧道及地下工程领域的发展与进步具有一定的参考与借鉴价值，同时期待耕耘于该领域的专家、学者和同行进行批评指正，也寄望能给未来的隧道人带来启迪，从而不断地推动隧道及地下工程技术的进步，更加自信地应对社会发展对隧道的需要与建设隧道中的挑战，更好地服务于人类！

在我们策划“面向挑战的隧道及地下工程”丛书的过程中，人民交通出版社股份有限公司给予了我们极大的帮助，共同讨论丛书的架构、篇目布局等，在此致以崇高的敬意！

本系列丛书在编写过程中得到了许多基层技术人员的支持与帮助，相关单位和专家也为丛书的出版做了大量的组织和支持工作，在此一并致以诚挚的感谢！

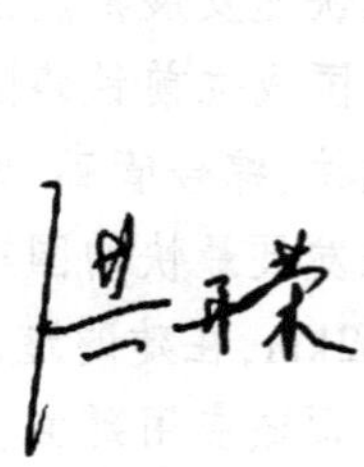

2018年12月

前　言

Preface

随着我国城市化进程的加快，交通拥堵成为制约城市发展的一个重大问题，为了能够有效地解决这一难题，越来越多的城市开始加大对城市轨道交通的规划建设力度。由于地下空间的不断开发与利用，地下轨道交通线路的不断增加，地铁枢纽站不可避免地伴随着城市繁华区施工，地下建(构)筑物众多，周边环境复杂，施工影响大、范围广等难题。

深圳地铁车公庙综合交通枢纽工程位于深圳市福田区深南大道与香蜜湖路立交桥西南象限，是以城市轨道换乘为主，以常规公交接驳为辅，少量兼顾出租、社会车辆接驳的客运综合交通枢纽。该项目的建设会提高公共交通服务能力，改善出行结构，给车公庙片区交通改善、城市更新、缓解日益拥堵的交通状况带来难得的机会，对于聚集社会资源、提高地区吸引力、构筑城市办公商贸中心、支持城市更新和土地高强度开发具有不可替代的作用，是满足片区对外交通需求、提高交通服务水平的必然选择。

该工程主体结构采用盖挖逆作法施工。盖挖逆作法是在交通繁忙的城市中心区修建地铁车站尤其是地铁枢纽站的一种有效方法，结合多种施工措施，合理组织施工能够很好地解决上述问题，为后续同类工程提供可行的施工经验。

本书系“面向挑战的隧道及地下工程”丛书之一。该系列丛书由中铁隧道局集团有限公司组织编写，总工程师洪开荣总主编，依托中铁隧道局集团有限公司承担的重、大、艰、险工程项目以及重大科技攻关项目，系统梳理总结隧道及地下工程领域的建设关键理论、创新技术与发展成果。

本分册对深圳地铁车公庙综合交通枢纽工程的施工过程以及施工中针对地质、周边环境、交通等影响因素采取的有效措施进行描述，重点说明超大规模地铁换乘车站的施工流程、施工过程的各项保证措施及优化方案等。

限于作者水平，书中难免有欠妥之处，恳请读者不吝指正。

编　者

2021 年 5 月

面向挑战的隧道及地下工程

Application of Key Construction Technologies of Four-line Transfer to Super Large Scale Metro Station

目 录

Contents

面向挑战的隧道及地下工程

第 1 章 概况

Application of Key Construction Technologies of Four-line Transfer to Super Large Scale Metro Station

面向挑战的隧道及地下工程

Application of Key Construction Technologies of Four-line Transfer to Super Large Scale Metro Station

1.1 国内外研究现状

截至2016年底,中国大陆地区共有30个城市开通运营城市轨道交通,共计133条线路,运营线路总长度达4152.8km。2016年,中国大陆地区城市轨道交通完成投资3847亿元,在建线路总长5636.5km。截至2016年底,共有58个城市的城市轨道交通线网规划获批(含地方政府批复的14个城市),规划线路总长达7305.3km。

今后,随着国家对城市基础设施投资力度的逐步加大,还会有一大批的城市逐步建设轨道交通系统,以快速轨道交通系统的车站为据点进行城市综合换乘枢纽的建设已显得越来越重要。目前我国对于换乘枢纽的建设,无论在规划的理论研究,还是在规划和建设的实践上,都还处于起步阶段。

1.2 工程概况

1.2.1 设计概况

车公庙综合交通枢纽工程为深圳地铁工程三期建设的大型综合枢纽换乘站(图1-1),包括11号线车公庙站、7号线和9号线车公庙站、换乘大厅、物业开发、地下空间开发等单位工程,占地面积约4.73万m^2,建设完成后与正在运营的1号线车公庙站实现4线换乘。

车公庙枢纽站集中布置于深南大道与香蜜湖路交叉处西南象限,11号线车站与7号线和9号线车站呈L形设置,11号线车公庙站位于深南大道南侧主干道下,呈东西走向;7号线和9号线车公庙站位于香蜜湖路与泰然工贸园之间,沿香蜜湖路呈南北走向;换乘大厅位于11号线车公庙站及7号线和9号线车公庙站西南角,与11号线车公庙站、7号线和9号线车公庙站相连;地铁汇通大厦南侧靠近泰然科技园,西侧与中国有色大厦相邻,东侧毗邻7号线和9号线车站,并与之共用连续墙围护结构,北侧与换乘大厅相连。

1)11号线车公庙站

11号线车公庙站为地下二层三柱四跨岛式站台车站,车站长414.28m(包含车站东端7和9、11号线车站节点),标准段基坑宽26.8m、深16.7m、最深处21.5m。围护结构采用800mm厚地下连续墙,北侧利用既有1号线车公庙站围护结构,基坑围护结构嵌入深度:土层和全风化岩石8m,全风化和强风化岩层7m。典型横断面如图1-2所示。

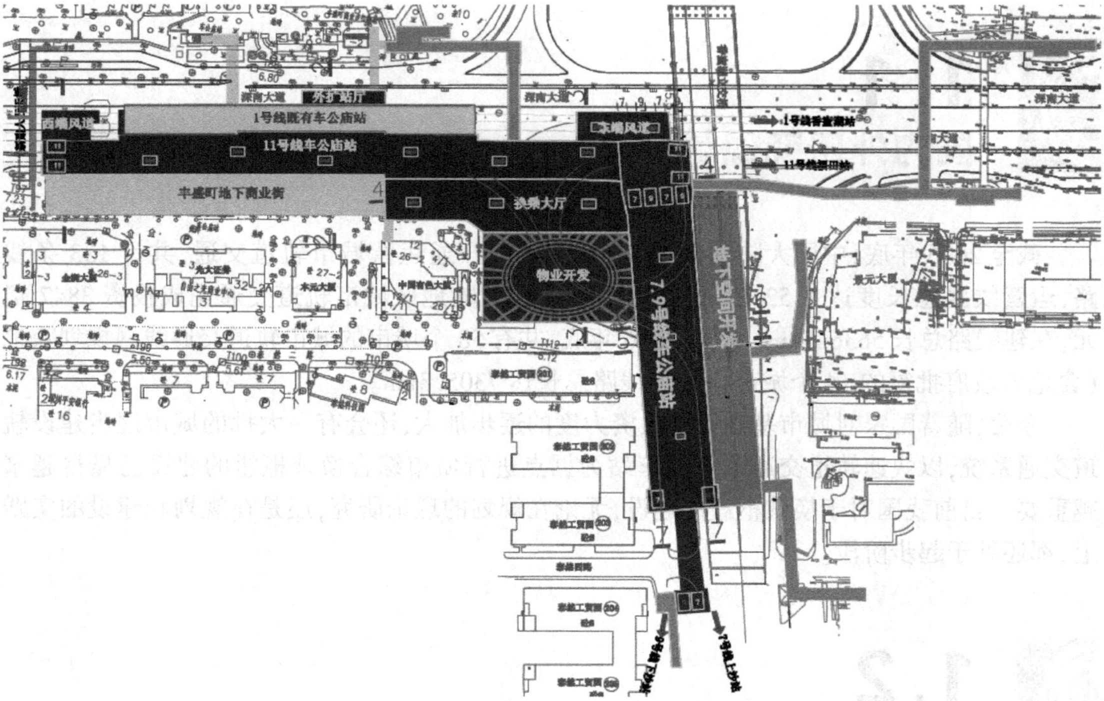

图 1-1　车公庙枢纽工程平面布置示意图

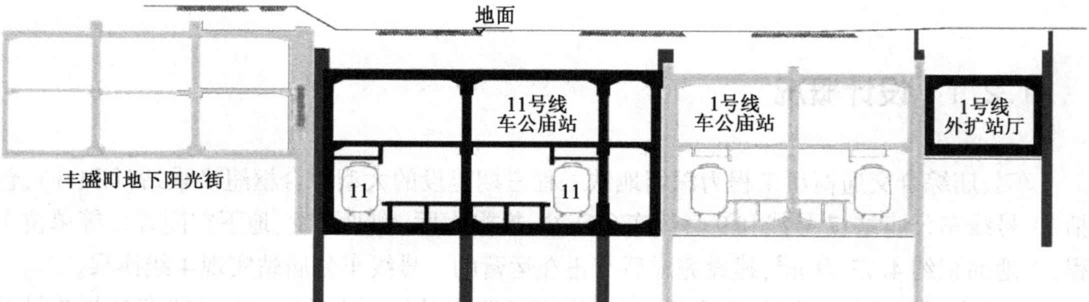

图 1-2　11 号线车公庙站典型横断面图

2）7 号线和 9 号线车公庙站

7 号线和 9 号线车公庙站位于现有香蜜湖立交桥及泰然工贸园之间，为双岛四线地下三层车站，主要采用盖挖逆筑法施工，车站（总长度为 315m）盖挖段长 246.5m，标准段宽 41.2m，深 25.5m；明挖段长 68.5m，宽 12.6～14.6m，深约 25.5m。7 号线和 9 号线车公庙站典型断面如图 1-3所示。

3）换乘大厅

换乘大厅为地下二层三柱四跨结构，长度约为 156m（明挖段长 62.8m，盖挖段约长 93.2m），主要采用盖挖逆作法施工。换乘大厅断面如图 1-4 所示。

4）物业开发（地铁汇通大厦 ±0.0 以下基础工程）

物业开发为地下六层结构（地面以上 260.1m 超高层筒体—框架结构），采用盖挖逆作法施工，长约 102m，宽 56m，基坑标准段深 26.5m，核心筒承台部分深 32.2m。物业开发纵断面如图 1-5 所示。

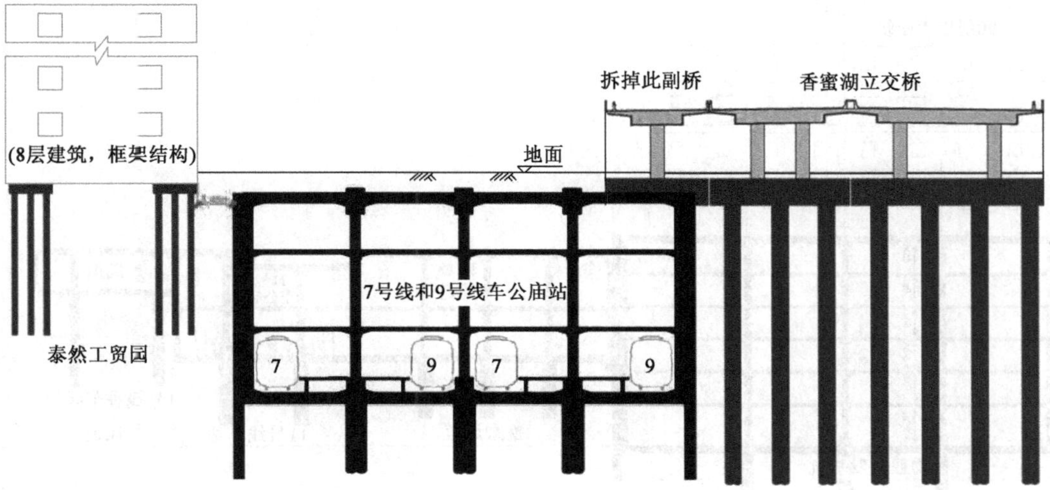

图 1-3　7 号线和 9 号线车公庙站典型断面图

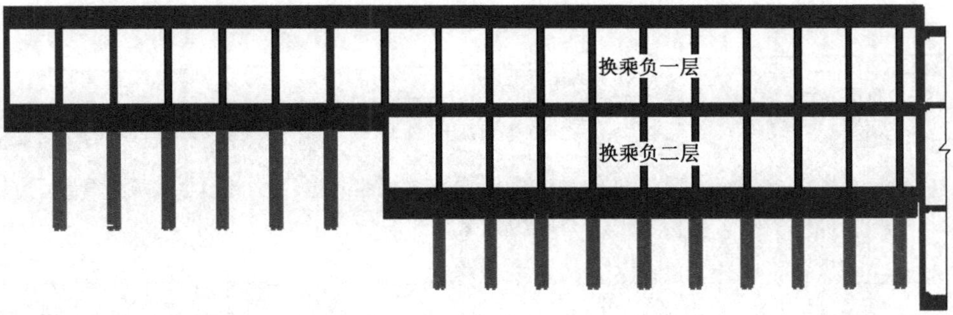

图 1-4　换乘大厅断面图

1.2.2　工程水文地质情况

1）工程地质情况

11 号线车公庙站顶板覆土 2.2～4.9m，底板埋深 17～20mm，基坑长约 367m，宽约 26.8m。基坑范围土层为人工填土层、粉质黏土层、淤泥质粉质黏土层、粗砂层、砾质黏土层、全风化花岗岩、土状强风化花岗岩、块状强风化花岗岩、中风化花岗岩层。车站底板主要位于砾质黏性土和全风化花岗岩层，围护结构嵌岩深度 8m。11 号线车公庙枢纽站地质断面如图 1-6 所示。

7 号线和 9 号线车公庙站顶板覆土 2.2 ~ 2.5m，底板埋深约 26m，基坑范围主要为黏性土层，部分为砾砂层，底板主要位于全、强风化地层，局部位于中、微风化地层。车公庙枢纽站地质断面如图 1-7 所示。

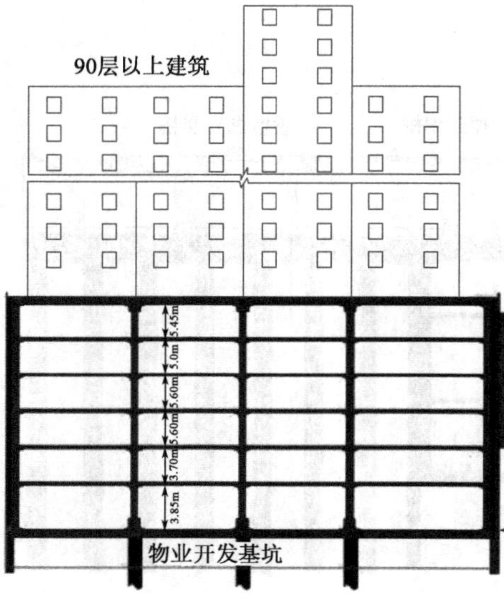

图 1-5　物业开发断面图

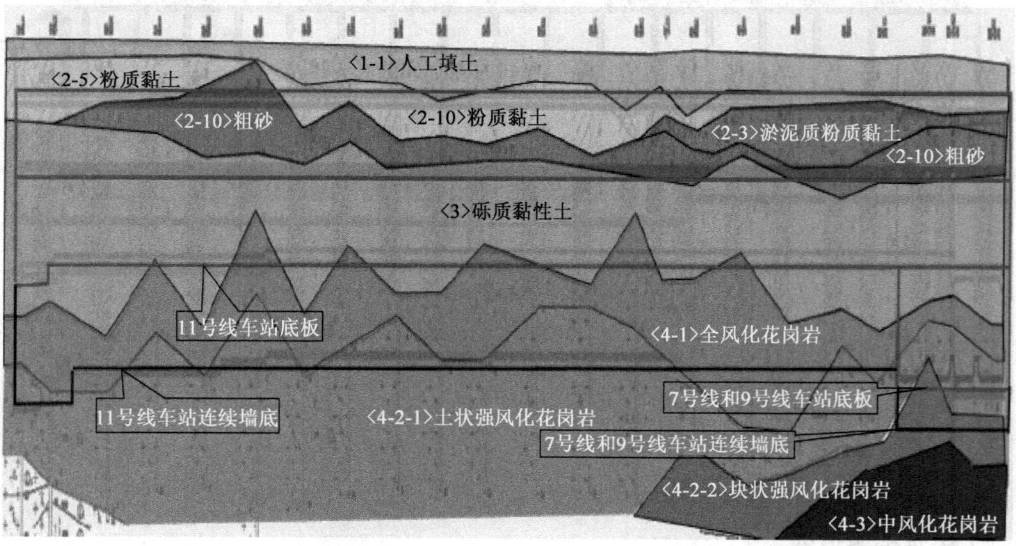

图 1-6　11 号线车公庙站地质断面

2）车公庙枢纽站不良地质分析

车公庙枢纽站施工过程中，对施工影响较大的不良地质主要有砂层、淤泥质黏土及中风、微风化花岗岩。针对不同地质对施工影响，分述如下：

①砾砂、粗砂、细砂层,车站范围内厚度不均匀分布,厚3.45~7.0m。工程性质较差,围护结构成槽过程中容易发生塌孔、漏泥浆等事故;基坑开挖过程中,容易发生坍塌或发生不均匀沉降,影响周边建筑物安全。

②淤泥质砂土层,场地范围内均有分布,厚度在1.5~8.5m。呈流塑—软塑状态,具有压缩性高、强度低、自稳能力差的特征,会带来较大的附加沉降问题。

③本场地下伏粗粒花岗岩,其残积层和风化岩中局部存在差异风化现象,表现为残积层、全风化岩中存在强风化岩夹层,强风化岩中存在中等—微风化岩,花岗岩残积土和全风化岩表现出遇水软化、崩解、强度急剧降低等特点。

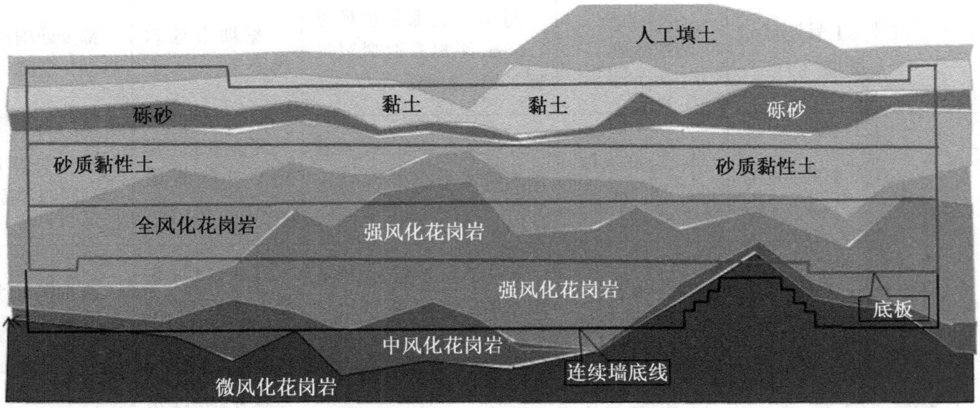

图1-7　7号线和9号线车公庙站地质断面

3)水文地质情况

地下水水位埋深0.7~4.6m,场区内地下水主要有两种类型:一类是第四系地层中的上层滞水和孔隙潜水(位于负二层中板以上);另一类为第四系砂层基岩裂隙水(位于车站负二层中板以下)。受地形地貌的控制,地下水径流总体上为由东北向西南方向附近海域排泄,垂直上主要为大气蒸发排泄。

车公庙枢纽工程地下水主要由大气降水补给,并在一定条件下接受海水和河水的侧向补给,并与二者具有一定的水力联系。深圳地区每年雨季均较长,雨季地下水补给充分,基坑开挖需采取降水措施。

1.2.3　周边环境调查

车公庙枢纽站地处福田核心城区,地面交通繁忙、地下管线密布。

1)周边建(构)筑物

11号线车站位于1号线车公庙站和丰盛町地下商业街之间。7号线和9号线车公庙站位于泰然工贸园与香蜜湖路之间,并侵入香蜜湖路4~8m,距离泰然工贸园建筑基础3.45~7.8m,换乘大厅南侧为26层高的有色金属大厦。

根据调查结果,周边临近主要建(构)筑物情况见表1-1。

车公庙站周边临近主要建(构)筑物情况统计表 表 1-1

序号	站点名称	建(构)位置	结构(基础)类型	相对位置关系	产权单位	初步设计措施
1	11号线车公庙站	1号线车公庙站	负二层,框架、围护桩	与新建车站密贴,新建车站与1号线车公庙站围护结构共用	深圳市地铁集团	部分外围加固+自动化监测
2		丰盛町地下商业步行街	负二层,框架、围护桩	紧贴新建车站基坑南侧围护结构	深圳市仁贵投资发展有限公司	部分外围加固+自动化监测
3		1号线区间隧道	暗挖隧道	与车站北侧围护最近1.65m,距离东西风道底板2.23~2.45m	深圳市地铁集团	部分外围加固+自动化监测
4	7号线和9号线车公庙站	泰然201号	8层,桩基础,桩长15.5m	开挖基坑与楼层结构基础东侧水平距离3.45~5.55m	深业泰然(集团)股份有限公司	结构外围加固,基础跟踪加固
5		泰然202号、203号	7层,桩基础,桩长15.5m	车站基坑与楼层结构基础东侧水平距离5.55~7.80m	深业泰然(集团)股份有限公司	结构外围加固,基础跟踪加固
6		泰然204号	7层,桩基础,桩长15.5m	与车站基坑水平距离16.7m	深业泰然(集团)股份有限公司	结构外围加固,基础跟踪加固
7		香蜜湖立交桥	钢筋混凝土结构,桩基础	侵入7号线和9号线车站结构最大达8m,需拆除立交桥西辅导桥	深圳市交通管理局	拆除并另选址新建
8		香蜜湖路路堤	钢筋混凝土挡土墙,均高6.3m,长约200m	侵入7号线和9号线车站7.6~9.7m的香蜜湖路,需拆除香蜜湖路2车道	深圳市交通管理局	分层拆除、锚索+挡土墙保护路堤

2)地下管线

车公庙站工程范围内的管线密集,侵入车站主体基坑范围管线累计31根,施工前需迁改管线约7278.1m,其中:给水1359.4m(10段)、污水1410.2m(10段)、雨水868.2m(6段)、通信1118.6m(13段)、电力670.7m(6段)、燃气1851.0m(11段),具体见表1-2。

车公庙枢纽站管线调查情况一览表 表 1-2

编号	管线名称	规格/材质	埋深(m)	走向	处理方案	处理长度(m)
一、雨水管线						
1	雨水管线	ϕ600/混凝土	2.01	西北—东南	永久改移	320
2	雨水管线	ϕ300/混凝土	0.88	南北方向	永久改移	120
3	雨水管线	ϕ500/混凝土	3.2	南北方向	永久改移	65.2

续上表

编号	管线名称	规格/材质	埋深(m)	走 向	处理方案	处理长度(m)
一、雨水管线						
4	雨水管线	ϕ400/混凝土	4.06	东西方向	永久改移	280
5	雨水管线	1200×1200/混凝土	2.76	东西方向	临时改迁	47
6	雨水管线	ϕ400/混凝土	4	东西方向	永久改移	36
二、污水管线						
1	污水管线	ϕ400/混凝土	3.24	西南—东北	永久改移	87.2
2	污水管线	ϕ400/混凝土	3.92	东西方向	永久改移	200
3	污水管线	ϕ600/混凝土	7.25	南北	永久改移	118
4	污水管线	ϕ400/混凝土	4.28	东西	永久改移	86
5	污水管线	ϕ200/塑胶	0.7	东西	永久改移	70
6	污水管线	ϕ800/混凝土	4.4	南北	永久改移	315
7	污水管线	ϕ400/混凝土	4.14	东西	永久改移	310
8	污水管线	ϕ300/混凝土		南北	永久改移	140
9	污水管线	ϕ600/混凝土	3.7	东西	永久改移	51
10	污水管线	ϕ400/混凝土	3.7	东西	永久改移	33
三、给水管线						
1	给水管线	ϕ200/钢	0.33	西北—东南	永久改移	320
2	给水管线	ϕ200/钢	0.51	南北方向	永久改移	120
3	给水管线	ϕ50/钢	0.41	南北方向	永久改移	65.2
4	给水管线	ϕ200/钢	0.46	东西方向	永久改移	280
5	给水管线	ϕ50/钢	0.36	东西方向	临时改迁	47
6	给水管线	ϕ200/钢	0.48	东西方向	永久改移	36
7	给水管线	ϕ200/钢	0.46	西南—东北	永久改移	87.2
8	给水管线	ϕ1200/钢	2.29	东西方向	永久改移	200
9	给水管线	ϕ1800/钢	2.54	南北	永久改移	118
10	给水管线	ϕ1800/钢	2	东西	永久改移	86
四、燃气管线						
1	燃气管线	DN325/钢	1.06	南北	永久改移	56.12
2	燃气管线	DN300/塑胶	1.00	南北	永久改移	124.18
3	燃气管线	DN325/塑胶	1.24	南北	永久改移	301.03
4	燃气管线	DN100/塑胶	0.87	东西	永久改移	93.99
5	燃气管线	DN300/钢	1.12	南北	永久改移	317.05
6	燃气管线	DN300/钢	1.32	南北	永久改移	137.87
7	燃气管线	DN150/钢	1.12	南北	永久改移	211.1
8	燃气管线	DN325/钢	0.70	南北	永久改移	148.91

续上表

编号	管线名称	规格/材质	埋深(m)	走　向	处理方案	处理长度(m)
四、燃气管线						
9	燃气管线	DN100/塑胶	0.80	东西	永久改移	55.16
10	燃气管线	DN300/钢	0.70	南北	永久改移	349.44
11	燃气管线	DN325/钢	1.06	南北	永久改移	56.12
五、电力管线						
1	电力管线	10kV/300×150/2孔/1	5.5	南北	永久改移	83.63
2	电力管线	10kV/300×150/2孔/1	4.15	东西	永久改移	143.24
3	电力管线	10kV/150/1孔/0	0.62	东北	永久改移	108.77
4	电力管线	10kV/900×900/14孔/14	1.14	南北	永久改移	65.13
5	电力管线	380V/50/1孔/1	0.85	南北	永久改移	117.88
6	电力管线	110kV/1000×800/20孔/0	7.1	南北	永久改移	152.04
六、通信管线						
1	通信管线	800×300/塑胶	0.77	南北走向	永久改移	73.96
2	通信管线	800×600/塑胶	1.1	南北走向	永久改移	72.58
3	通信管线	600×200/塑胶	1.25	南北走向	永久改移	66.35
4	通信管线	600×400/塑胶	1.47	南北走向	永久改移	65.53
5	通信管线	200×100/塑胶	0.31	南北走向	永久改移	77.31
6	通信管线	400×200/塑胶	1.25	东西走向	永久改移	118.59
7	通信管线	600×600/塑胶	1.52	东西走向	永久改移	77.31
8	通信管线	200×200/塑胶	0.73	南北走向	永久改移	83.9
9	通信管线	200×100/塑胶	1.42	东西走向	永久改移	45.87
10	通信管线	200×200/塑胶	1.42	东西走向	永久改移	62.33
11	通信管线	600×200/塑胶	1.42	东西走向	永久改移	195.7
12	通信管线	50/塑胶	0.8	东西走向	永久改移	51.45
13	通信管线	800×300/塑胶	5.61	南北走向	永久改移	127.74

3）地面交通

车公庙枢纽站所在片区的深南大道道路红线宽约80m,是连接深圳市东西向的一条主干道和景观路,双向主车道6车道、辅道4车道,道路交通繁忙;香蜜湖路宽70m,是连接深圳市南北向的一条快速路。

工地所处泰然片区,企业、商户众多,进出片区交通车流量大,每天平均车流量达到8万辆次,交通异常繁忙。进入11号线车站主体施工前,需完成附近深南大道各路口改造和泰然片区交通疏解施工,如图1-8所示。

同时7号线和9号线车公庙站侵入香蜜立交桥,施工前需拆除西侧辅道桥、匝道及香蜜湖路西侧高路堤,拆匝道及高路堤前需完成①红荔—农园路口掉头车道、②红荔—新洲路口右转车道、⑧香蜜湖路—滨河大道桥下掉头车道等施工,如图1-8所示。

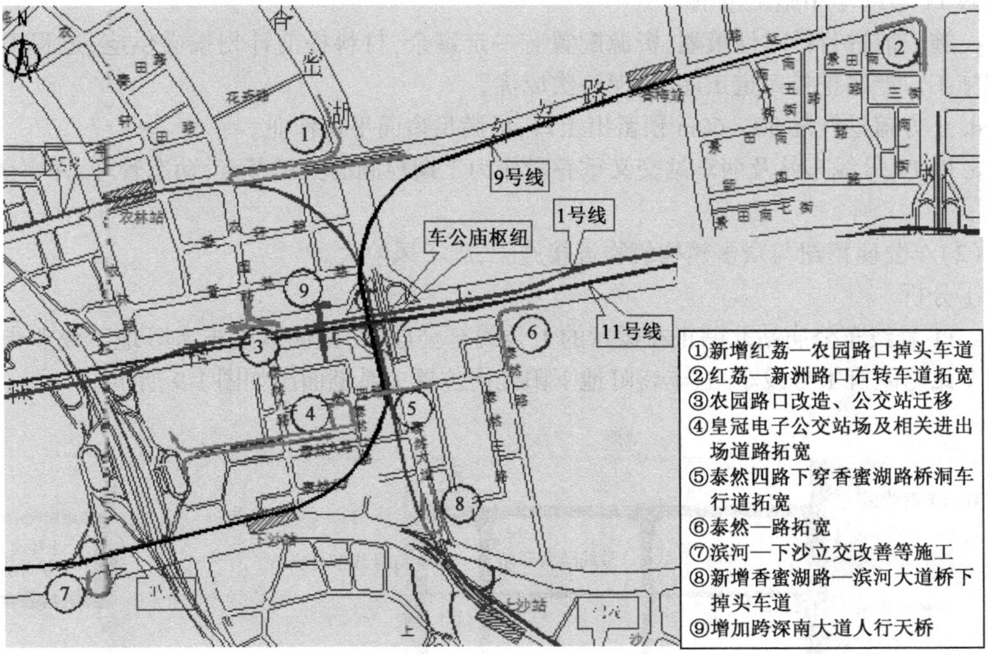

图 1-8 车公庙站外围交通疏解示意图

1.3 工程特点、重难点及风险分析(自身风险、环境风险)

(1)工期压力大,确保工期履约是本工程最大的重点和难点。

①分析。

车公庙枢纽工程为新建 7 号线和 9、11 号线与既有 1 号线综合换乘枢纽站,是新建三条线的关键节点控制性工程,同时需先后为 12 台盾构机提供吊出条件。

车公庙枢纽中标后增加香蜜湖立交改造方案,造成初步方案不稳定影响计划开工日期约半年以上。

车站开挖土方 77 万 m^3,其中盖挖土方达到 60 万 m^3,盖挖逆作结构混凝土数量 20 万 m^3,且狭小场地内组织如此大型地下建筑物盖挖逆作施工功效低。

征地拆迁、绿化改迁、管线改迁等工程量大,深南大道要求保持双向 10 车道正常通车,设计 8 期交通疏解组织流水施工,而且 11 号线车公庙站需纵向南北倒边盖挖,导致施工时间加长。

②对策。

a. 密切配合建设单位尽快推进前期工程,主动出击、不等不靠。

b. 积极与设计单位、建设单位等单位沟通,调整交通疏解方案和设计方案优化,考虑整体围蔽 11 号线车站施工范围。

c. 施工前进行针对性策划，资源配置有一定富余，材料提前计划按需供应，过程中有序组织施工。严格把控每道工序，确保一次成优。

d. 土方盖挖间隔 50～60m 预留出土口，可满足多面平行作业。

e. 以 11 号线车站及两车站交叉重叠段作为工期控制的关键节点，动态管理，并申请 24h 出土。

（2）车公庙枢纽与众多建构筑物近接施工，施工风险大。

①分析。

a. 11 号线车公庙站北贴正在运营的 1 号线车公庙站，南侧紧贴丰盛町地下商业街。11 号线车站与既有 1 号线车站、丰盛町地下阳光街位置关系剖面图如图 1-9 所示。

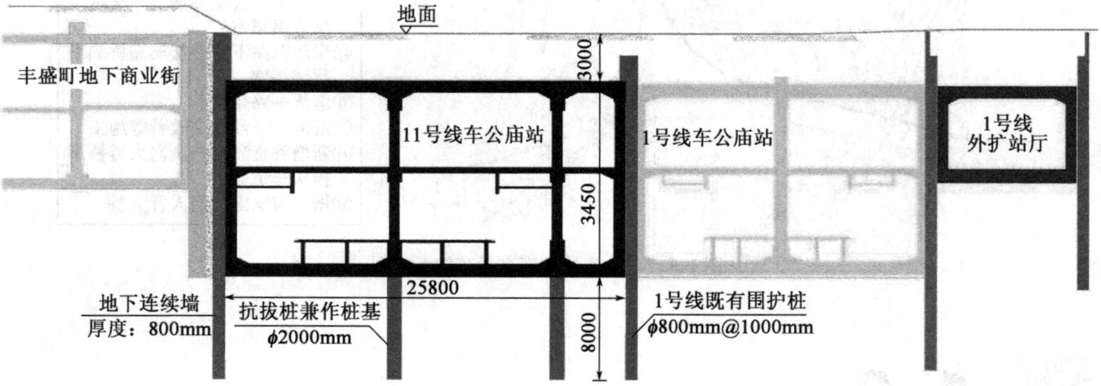

图 1-9　11 号线车站与既有 1 号线车站、丰盛町地下阳光街位置关系剖面图（尺寸单位：mm）

b. 7 号线和 9 号线车公庙站基坑西侧距泰然工贸园建筑最近距离为 3.45m，泰然工贸园建筑基础为摩擦桩基础，桩长为 15m，远远小于基坑深度；基坑东侧侵入香蜜湖立交桥 8m 左右，拆除后的主桥距离基坑水平距离也仅 1.4m，如图 1-10 所示。基坑施工过程中失水和变形会引起该建筑物的不均匀沉降、开裂和倾斜等。

c. 11 号线车站北侧围护结构与 1 号线运营区间最近距离仅 3.9m（图 1-11），加上区间隧道洞身范围地层为砂层，围护结构施工过程中塌孔以及基坑开挖过程中地层失水和基坑变形均会引起区间隧道的位移，影响地铁的正常运营。

②对策。

a. 编制有针对性的专项施工方案，经专家评审后组织实施。

b. 实施自动监测，及时反馈，信息化施工。

c. 加强泥浆护壁质量，防止槽段塌孔。

d. 做好基坑降水，确保基坑内部稳定。

e. 严格控制土方开挖和结构施工的节奏，按照“分段快开挖、快回筑”的原则，同时缩短各段的施工周期，保证基坑变形可控。

f. 防止基坑涌水、涌砂，特别是连续墙接头处理。

g. 做好应急物资储备，有针对性的应急预案及演练。

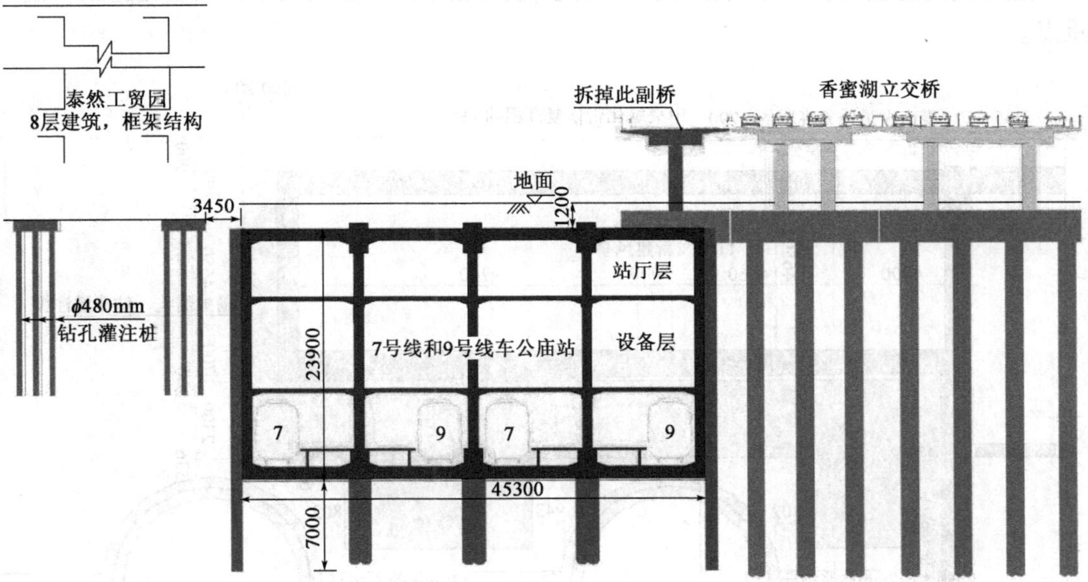

图 1-10　7&9 号线车站与泰然工贸园、香蜜湖立交桥位置关系剖面图(尺寸单位:mm)

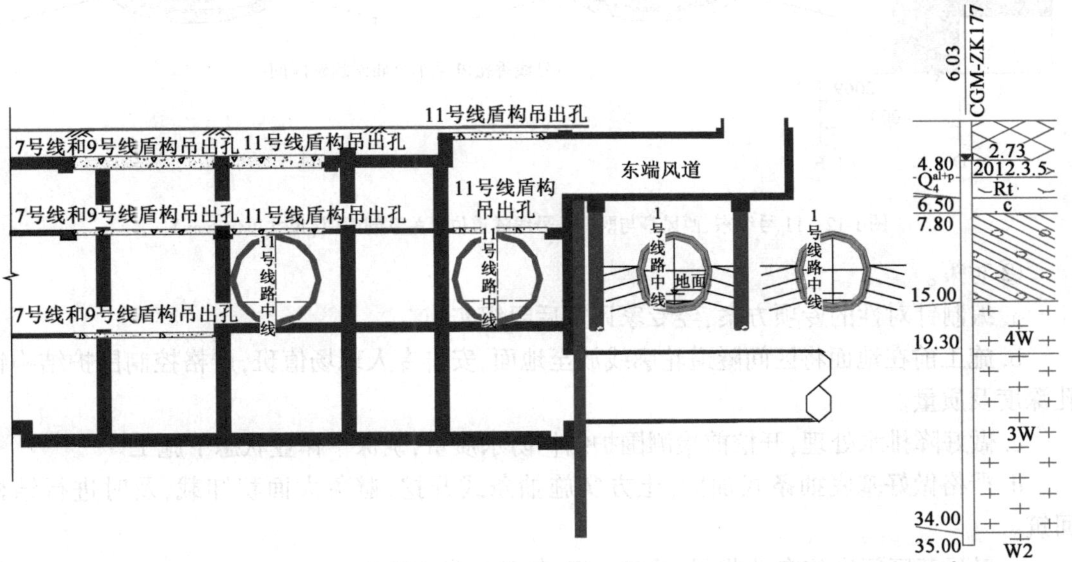

图 1-11　11 号线车站北端与既有 1 号线隧道位置关系剖面图(高程单位:m)

(3)东、西风亭近距离上跨既有运营 1 号线隧道,确保运营安全是重点。

①分析。

11 号线车站东、西风亭围护结构均采用旋挖桩(φ1000mm@1100mm)+桩间旋喷桩(φ600mm)+网喷支护,两风亭位于车站北侧,同时近距离上跨既运营的 1 号线隧道,位置关系如图 1-12 所示。钻孔桩底距离隧道顶最小距离 0.536m,基底距离隧道顶最小距离 2.8m。

施工期间防止既有1号线隧道上浮、变形,确保正常运营及基坑本身安全是施工控制的重点。

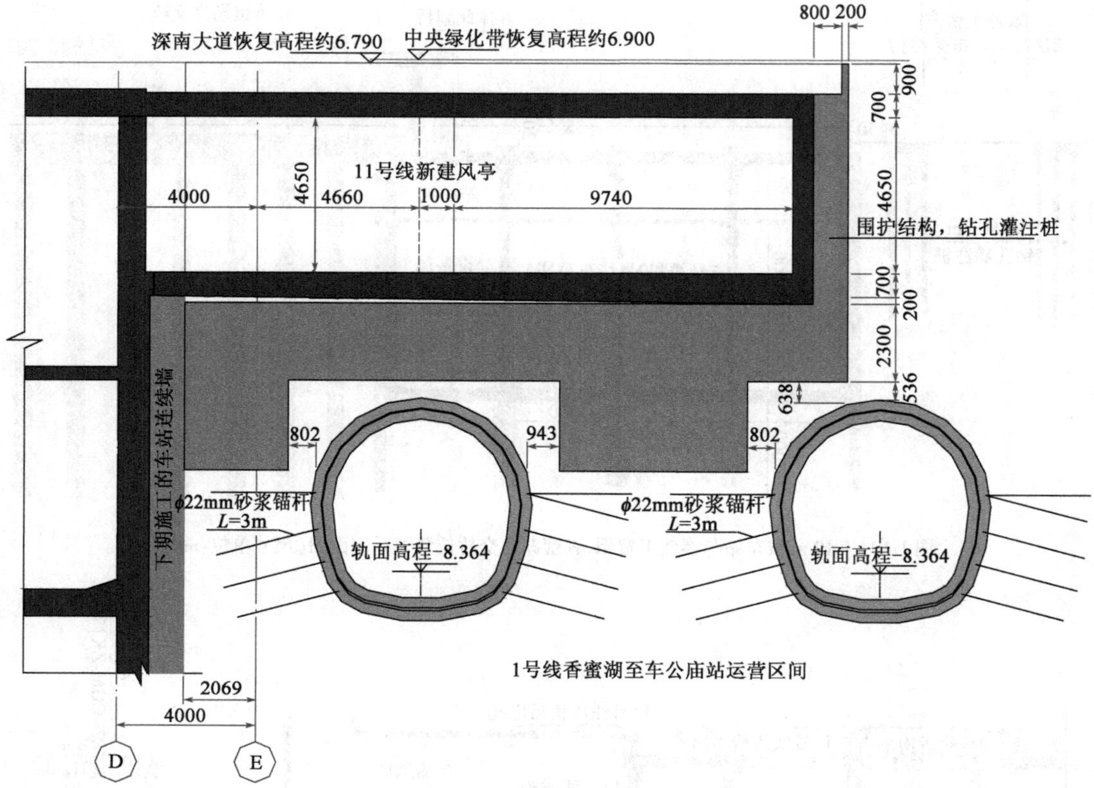

图1-12　11号线东、西风亭与既有1号线隧道位置关系剖面图(尺寸单位:mm)

②对策。

a. 编制针对性的专项方案,经专家评审后组织实施。

b. 施工前在地面将区间隧道轮廓线放至地面,安排专人现场值班,严格控制围护结构钻孔深度及质量。

c. 做好降排水处理,开挖前检测围护结构防水质量,确保干作业状态下施工。

d. 严格做好基底抽条式加固,土方实施抽条式开挖,避免大面积卸载,及时进行结构回筑。

e. 对运营区间实施自动监测,及时反馈,做到信息化施工。

f. 做好应急物资储备,联合地铁运营分公司针对该项施工内容组织基坑涌砂、区间变形等应急演练。

(4)车公庙枢纽规模大、作业面多,投入资源多,施工组织难度大。

①分析。

车公庙枢纽站施工内容全、综合程度高;多个工作面同时施工、多种施工技术共同运用、多种施工内容同时交叉进行。资源投入量大,如何合理进行施工组织安排、资源调配,做好工序衔接,保持高效运行,是施工组织的重点和难点。

②对策。

a. 提前谋划、理清思路，明确各单位工程施工顺序及逻辑关系。

b. 以 11 号线车站施工为关键线路。

c. 车站施工顺序应优先施作盾构吊出井段结构。

d. 合理组织资源调配，适时开展附属通道出入口明挖段施工。

e. 精细做好每一步施工计划，将工期细化到每天，合理配置每一施工作业面的资源，切实落实每一阶段节点工期。

f. 多梯次培养现场值班人员，以技术引导现场施工组织。

(5)采用盖挖逆筑法时确保防水质量是本工程质量控制的重点、难点。

①分析。

盖挖逆筑施工工法的特点使得地下结构防水薄弱环节尤为突出，主要表现在车站主体与附属结构、区间等接口处理，施工缝、变形缝、诱导缝处理，穿墙管、降水井、抗拔桩、支承桩及接地极等穿透防水层处理，防止结构混凝土收缩裂缝及混凝土浇筑不密实等，因此盖挖逆筑法中的防水质量是质量控制的重点和难点。

②对策。

a. 控制连续墙的施工精度及质量，对围护结构的渗漏点及时堵漏处理，确保围护结构挡水效果。

b. 确保原材料、配合比、运输、浇筑、振捣、养护、拆模等工序、工艺的施工质量。

c. 成立专门防水作业班组、检查小组，加强防水施工过程控制。

d. 加强防水薄弱环节质量控制，对施工缝、诱导缝、变形缝、穿墙管等，车站主体结构与区间及通道接口处等防水薄弱环节按设计要求精心施工。

e. 盖挖逆作水平施工缝采用两道遇水膨胀止水条防水，并预埋注浆管，注微膨胀水泥浆封闭施工缝。

(6)采用盖挖逆筑法时确保结构外观是本工程质量控制的重点、难点。

①分析。

盖挖逆筑法施工地模及地模隔离层的施工质量决定了结构板底面外观质量，盖挖逆作桩及结构外墙在已施工的顶(中)板下作业，操作难度大，是结构外观质量控制的重点和难点。

②对策。

a. 加强降水，保证各层板地模土基强度，必要时进行换填或者压实处理，从而保证地模的质量。

b. 针对混凝土外观质量，进行 QC(质量控制)小组攻关，组织多方案比选，并进行试验论证，形成标准指导施工。

c. 结构梁柱采用定型钢模，结构侧墙采用模板台车，并做好模板保养。

d. 进行针对性培训，确保施工人员按操作规程及控制要点施工。

e. 严格控制浇筑速度和捣固质量。

f. 采用喷淋养护。

g. 对缺陷部位进行及时修复。

1.4 施工部署

根据该工程特点及交通疏解要求，总体按照“两主线、分阶段”平行独立组织实施。

以 11 号线车公庙站、换乘大厅及 11 号线与 7 号线和 9 号线重叠段和 1 号线车站站厅扩建作为 A 线，以 7 号线和 9 号线车公庙站作为 B 线独立组织施工。外挂附属出入口及通道等随主体结构施工适时展开，综合考虑。

A 线受到深南大道保持双向 10 车道通行能力和纵向穿越基坑的 ϕ1000mm 给水管制约，分 7 阶段交通疏导围挡组织施工，按照先北后南倒边盖挖施工，主体盖挖优先考虑东西两端盾构吊出井段施工，中间结构段和换乘大厅适时展开；1 号线车公庙站站厅外扩施工，随 11 号线车站东西两端 4 台盾构吊出，恢复路面后相继展开。

B 线 7 号线和 9 号线车公庙站随管线迁改及匝道、高路堤拆除完成后相继展开，南端明挖段在保持泰然四路双向 2 车道条件下倒边施工，先南后北，倒边铺设钢便桥恢复泰然四路双向 4 车道通行能力后，由北向南单方向明挖顺筑施工；北端盖挖段由两端向中间组织施工、预留中间 3 号桥洞人行通道，随泰然四路双向 4 车道恢复后整体围挡组织施工。

1）A 线施工组织安排

（1）第 1 阶段施工

该阶段主要进行深南—农园交叉口改造、北侧公交车站迁改和部分管线迁改施工，同时进行标段范围内香蜜湖立交西桥分段拆除和车站西侧新建人行天桥施工。第 1 阶段施工示意图如图 1-13 所示。

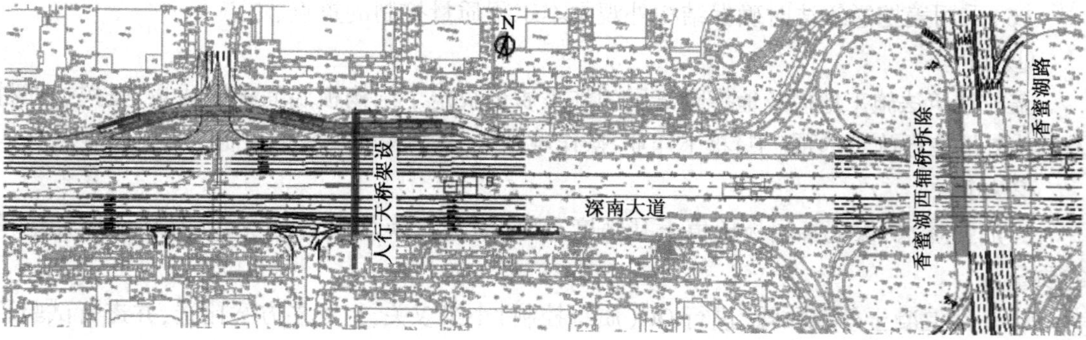

图 1-13　第 1 阶段施工示意图

香蜜湖立交西侧桥拆除随外围交通疏解完成，采用型钢支架预留门洞支撑，金刚石绳切割机自中间向两端分段切割、吊机配合分段吊装外运，先拆翼缘板、再拆箱体，如图 1-14 所示。

西侧人行天桥采用工厂预制钢箱梁，分段运输至现场，采用两台 100t 吊机配合分三段按照先两端、后中间的顺序分段吊装、连接。

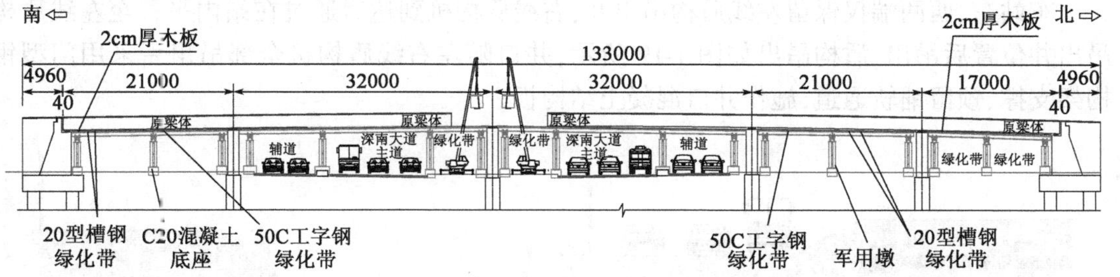

图 1-14　香蜜湖立交西桥拆除施工示意图(尺寸单位:mm)

(2)第 2 ~4 阶段施工

主要施作 11 号线车公庙站东、西两端横跨深南大道的 ϕ1000mm 给水管,采用倒边分段施工,保证深南大道双向 10 车道的通行能力。

(3)第 5A 阶段施工

该阶段主要铺设 11 号线车公庙站北侧 ϕ1000mm 给水管,进行新旧管割接,在不影响给水管施工的同时安排 11 号线车站东、西两端围挡范围内的围护结构及风亭基底加固施工。

(4)第 5B 阶段施工

该阶段主要施作 11 号线车站北半幅的围护结构及结构顶板,车站北侧东、西两端风亭旋挖桩分别配 1 台旋挖机 +2 台冲击钻机跳槽组织施工,中间隔离桩及中立柱基础采用两台旋挖钻机由中间向东、西两端分别组织施工,中间隔离桩桩间旋喷桩相继展开由中央向东、西两端施工,随中间隔离桩及桩间旋喷桩分段完成、施作南北向旋喷桩帷幕临时分段封闭基坑,由中间向东、西两端分别进行土方开挖、结构顶板施工。施工范围如图 1-15 所示,施工示意如图 1-16 所示。

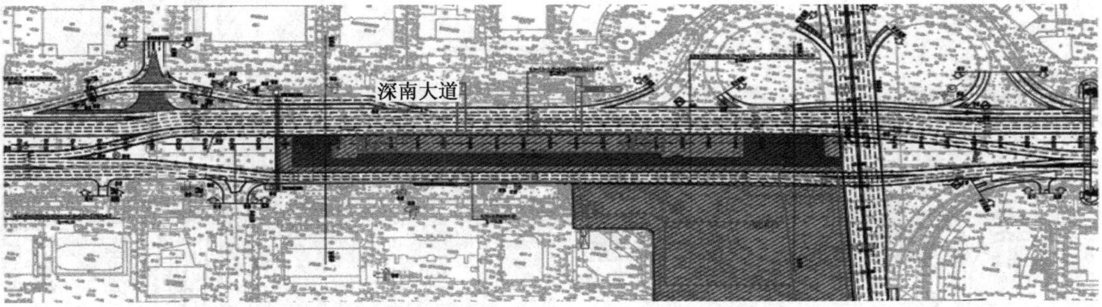

图 1-15　第 5B 阶段施工范围示意图

(5)第 6 阶段施工

该阶段随 11 号线车站北侧结构顶板覆土回填、恢复路面交通后组织实施,施工围挡范围如图 1-17 所示。该阶段进行 11 号线车站南侧剩余围护结构和整个车站盖挖逆作施工,围护结构采用两台槽壁机配冲击钻机分别由东、西两端向中间跳槽组织施工,随围护结构分段施作完成,及时施作横向止水帷幕分仓,由两端向中间分区开挖施作结构顶板,预留出土口自上而下分层盖挖逆作进行车站主体结构施工,施工示意如图 1-18 所示,以东、西两端盾构吊出井结构的施工作为重点。该阶段同时进行换乘大厅的盖挖逆作施工。

车站东、西两端仅保留左线盾构吊出井，右线盾构机到达后通过在站内平移至左线盾构吊出井位置后吊出，盾构吊出如图 1-19 所示，井口随左右线盾构机全部吊出后采用门型钢构架支撑、预留铺轨通道，施作井口混凝土结构板。

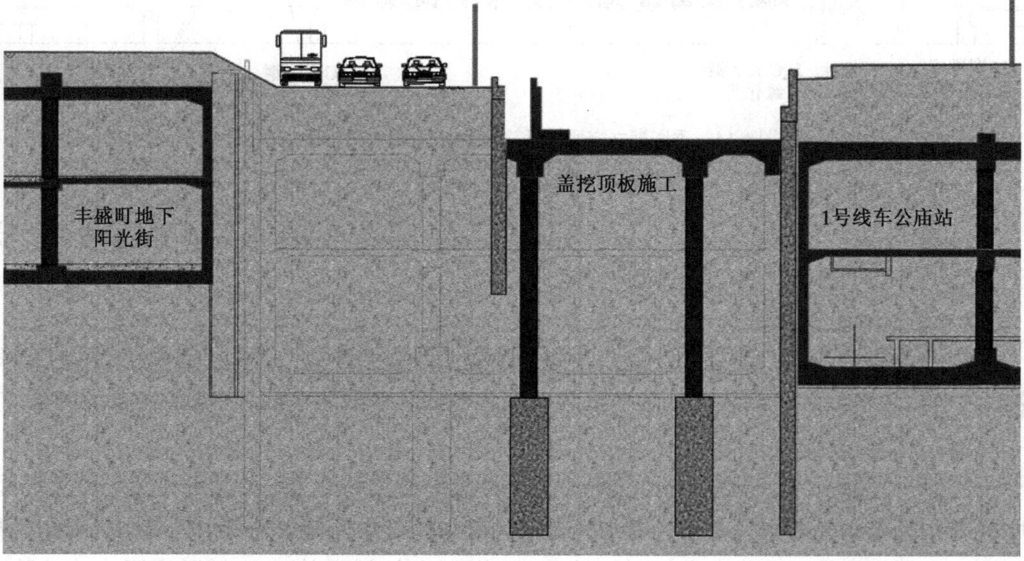

图 1-16　第 5B 阶段 11 号线车站北半幅施工断面示意图

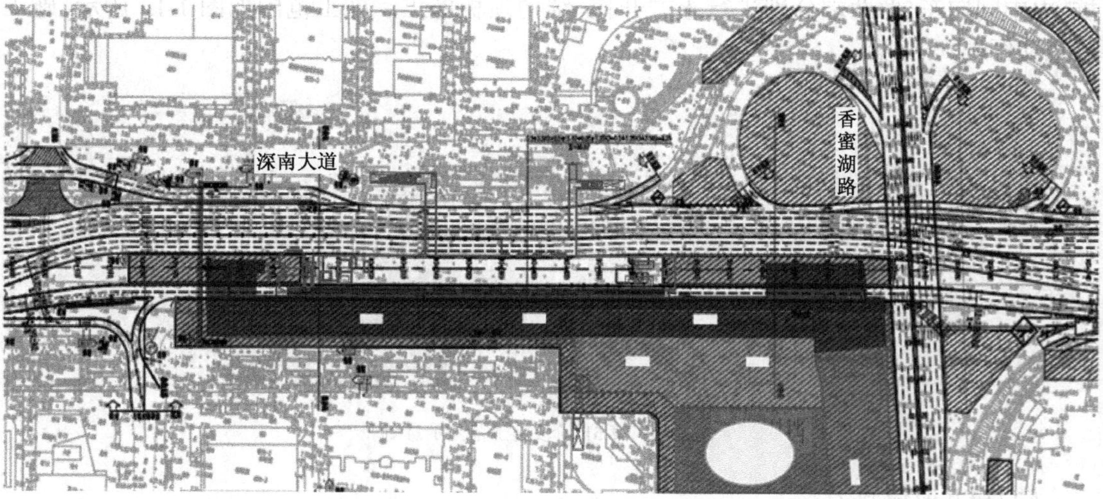

图 1-17　第 6 阶段施工范围示意图

(6)第 7 阶段施工

随 11 号线车站东、西两端盾构吊出后封闭盾构吊出井和预留出土口，并恢复路面交通，将深南大道东行 5 个车道和西行 2 个车道南移，保证双向 10 车道。围挡北侧深南大道，进行 1 号线车公庙站厅外扩施工，采用明挖顺筑法施工。

(7)两车站重叠段地下三层及盾构吊出井封闭施工

重叠段地下三层结构随 11 号线东端盾构井结构底板强度达到要求后及时组织施工，利用 7 号线和 9 号线北端盾构吊出井作为施工竖井进入施工，结构完成随北端 4 台盾构吊出后封闭井口。

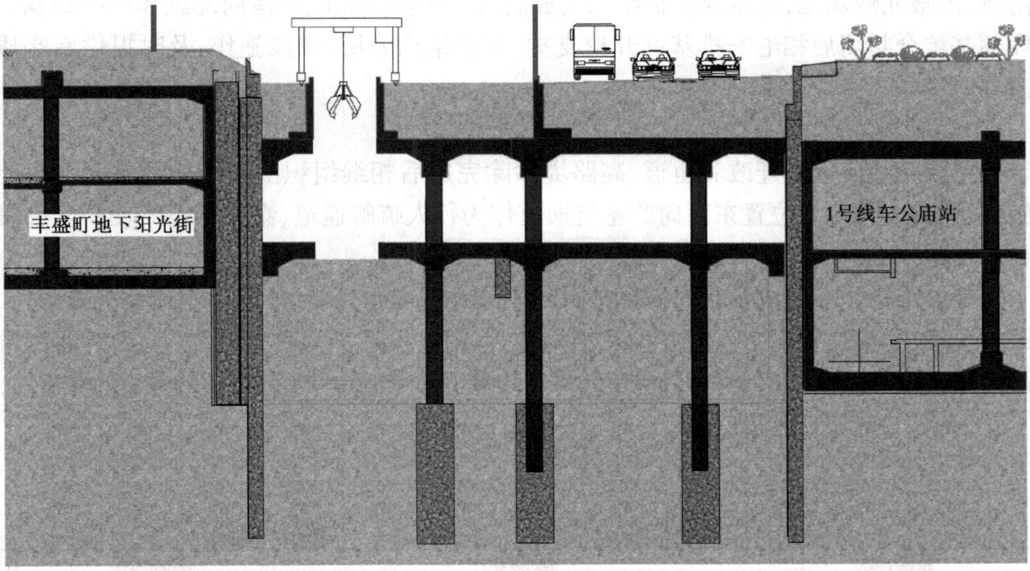

图 1-18　11 号线车站盖挖逆作施工示意图

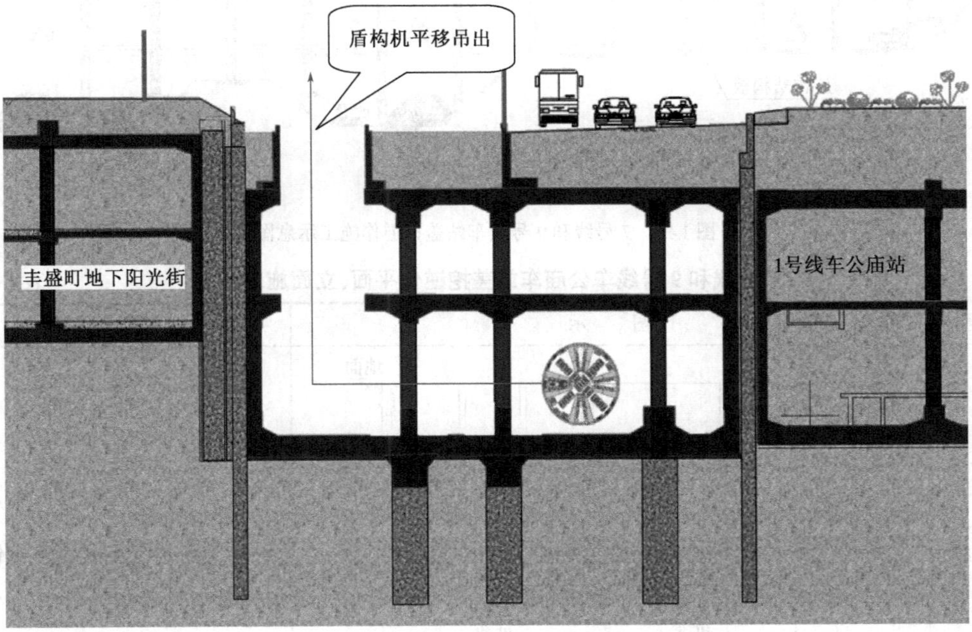

图 1-19　右线盾构平移吊出示意图

2）B 线施工组织安排

7 号线和 9 号线车公庙站随管线迁改和香蜜湖立交匝道、高路堤完成后相继展开，明挖段与盖挖段同步实施。

(1)明挖段施工

随明挖段管线迁改完成后,封闭泰然四路南半幅道路及以南场地,由泰然四路向南施作围护结构,随泰然四路位置围护结构施作完成铺设钢便桥,钢便桥铺设完成后,将车行道倒至南侧,围蔽北侧场地,随南侧围护结构完成后进行明挖段北侧由南向北施作围护结构。明挖段随基坑全封闭后相继安排基坑开挖支护、主体结构分层、分段施作,及时提供南端盾构吊出井。

(2)盖挖段施工

盖挖段随相应管线迁改和匝道、高路堤拆除完成后相继组织围护结构及中立柱由北向南施工,预留3号桥洞位置东西向跨基坑通道作为行人疏解通道,泰然四路钢便桥全部贯通后封闭其预留人行通道进行剩余围护结构施工。

随围护结构分段完成及止水帷幕临时封闭分仓基坑后,及时分段进行顶板土方开挖、施作结构顶板,结构顶板以下土方开挖及结构施工先抢两端,兼顾中间段施工,为南北两端盾构吊出创造条件。利用南北两盾构吊出井和中间预留出土井自上而下分层、分段施工,如图1-20所示。施工步序见表1-3。

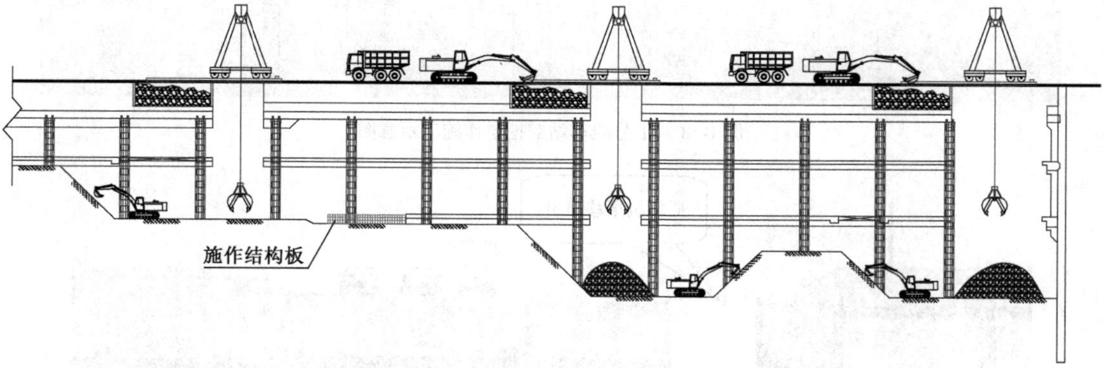

图1-20　7号线和9号线车站盖挖逆作施工示意图

7号线和9号线车公庙车站盖挖逆作平面、立面施工步序　　表1-3

<table>
<tr><th>序号</th><th>图　示</th><th>说　明</th></tr>
<tr><td>第一步</td><td>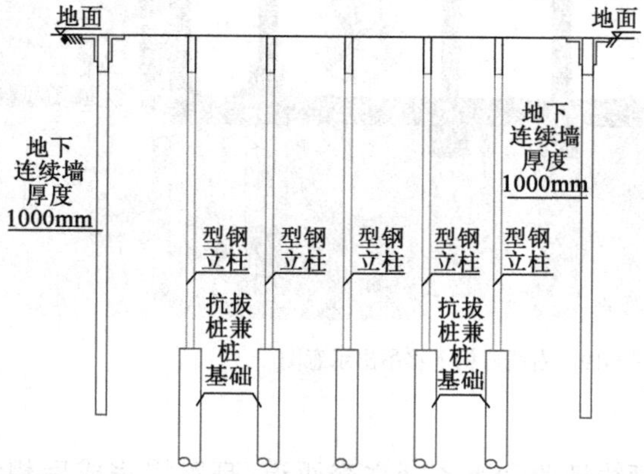
</td><td>施工地下连续墙,抗拔桩、型钢柱</td></tr>
</table>

续上表

序号	图　示	说　明
第二步	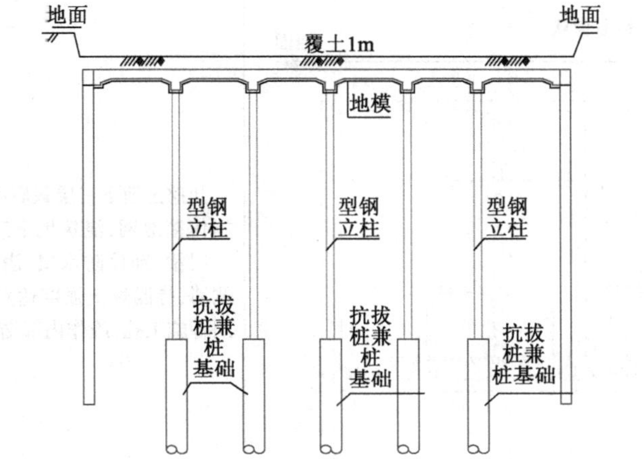	开挖至顶板底面下 250mm，施工地膜，浇筑顶板、顶梁待混凝土强度达到 95% 时，铺设防水层，顶板覆土 1m 厚，顶板留施工孔，继续开挖顶板下土体
第三步	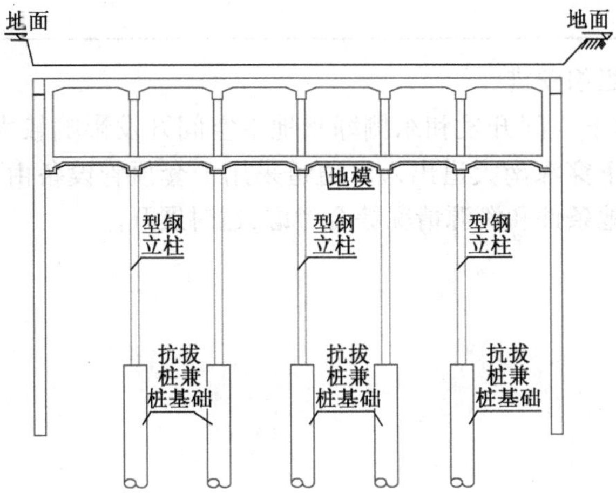	开挖至地下一层板底面下 250mm，浇筑地下一层板、地下一层梁，铺设侧墙防水层、浇筑地下一层侧墙，待混凝土强度达到 95% 时，开挖地下一层下板土体
第四步	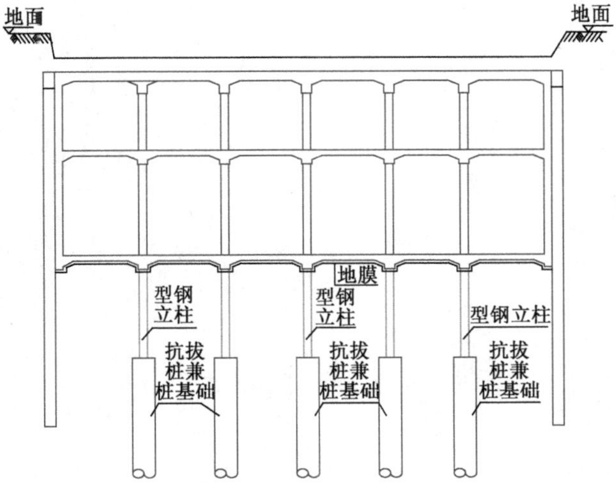	开挖至地下二层板底面下 250mm，浇筑地下二层板、地下二层梁、铺设防水层、浇筑地下二层侧墙，待混凝土强度达到 95% 时，开挖地下二层下板土体

续上表

序号	图　示	说　明
第五步	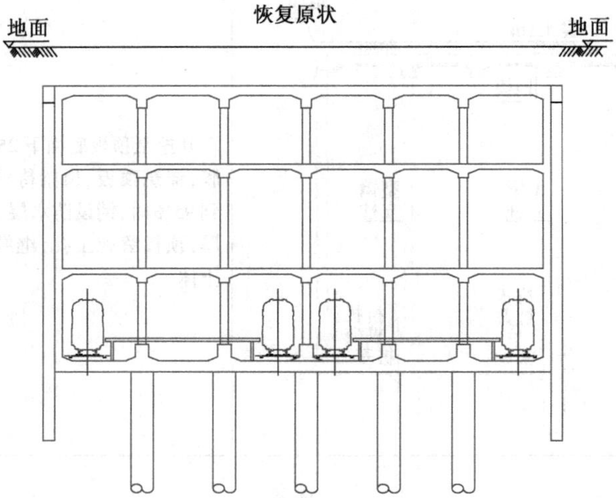	开挖至地下三层板底面下 250mm，施作接地网，浇筑地下三层板、地下三层梁，铺设防水层、浇筑地下三层侧墙，待混凝土强度达到 95% 时，封闭各施工孔，施作内部结构

3）附属出入口及通道施工组织安排

附属出入口及通道受北侧地下空间开发和东侧绿景地下空间开发影响较大，附属明挖段结合地下空间开发适时展开，下穿深南大道出入口通道采用 1 套顶管设备由西向东逐条流水施工；其他暗挖通道根据场地条件和资源情况综合考虑，适时展开。

第2章

四线换乘超大规模地铁车站过程施工

Application of Key Construction Technologies of Four-line Transfer to Super Large Scale Metro Station

面向挑战的
隧道及地下工程

Application of Key Construction Technologies of Four-line Transfer to Super Large Scale Metro Station

2.1 围护结构阶段

2.1.1 围护结构设计情况说明

该枢纽工程 11 号线车站、7 号线和 9 号线车站、换成大厅及物业开挖围护结构均为地下连续墙，其中 11 号线车站为地下两层，基坑标准深度 16.7m，连续墙厚度为 0.8m 厚；换乘大厅基坑深度与 11 号线车站相同，连续墙厚度亦为 0.8m 厚；7 号线和 9 号线车站为地下三层，基坑标准深度约 25.3m，连续墙厚度为 1m；物业开发基坑深度与 7 号线和 9 号线车站基本相同，因此连续墙厚度为 1m。

连续墙分幅为 4 ~ 6m，嵌入深度：土层和全风化岩石中取 8m，强风化岩层取 5m，中风化岩层取 2.5m，微风化岩层取 1.5m。

2.1.2 地质情况说明

枢纽工程地质从上到下依次为人工填土、粉质黏土、砾砂、砂质黏土、全风化花岗岩、强风化花岗岩、中风化花岗岩、微风化花岗岩。由于岩面起伏及基坑深度不同，11 号线车站及换乘大厅连续墙基底主要位于强风化花岗岩中，7 号线和 9 号线车站及物业开挖连续墙基底主要位于强、中风化岩层，7 号线和 9 号线车站北端头约 29 幅墙底位于微风化花岗岩层，枢纽地质情况以 7 号线和 9 号线车站为例表示，如图 2-1 所示。

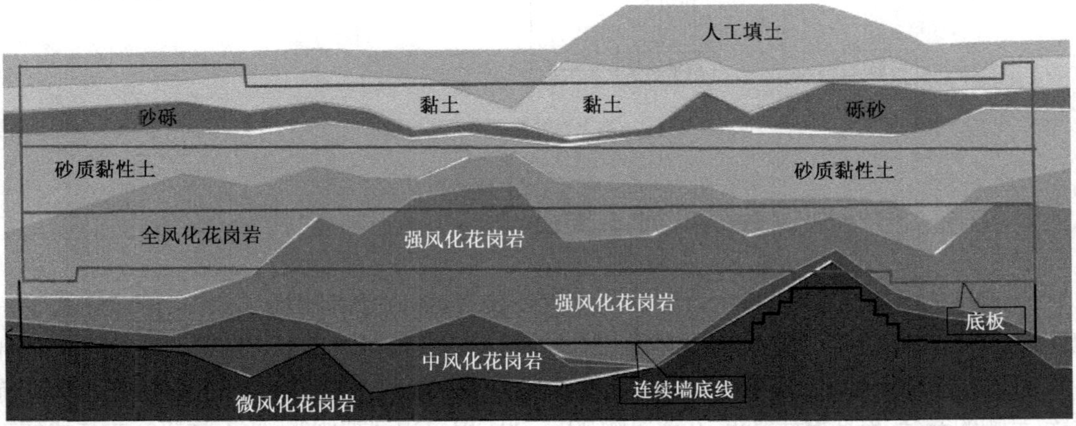

图 2-1　7 号线和 9 号线车站围护结构地质纵剖面图

2.1.3 连续墙施工工艺

枢纽工程连续墙采取跳槽间隔两幅逐幅施工(保证两台冲孔机同时冲孔的钻机摆放位置),土层采用液压抓斗槽壁机成槽,岩层采用冲击钻冲击成槽,槽段开挖时制备优质膨润土制作护壁泥浆,清槽后在槽内吊入钢筋笼,钢筋笼吊装采用两台履带式起重机吊配合整体吊装,双导管水下灌注混凝土。考虑基坑开挖时,地下连续墙在外侧土压力作用下会向内产生位移和变形,为确保后期基坑结构的净空符合要求,地下连续墙施工时中心轴线外放 100mm(墙厚 0.8m 部分)和 150mm(墙厚 1m 部分),连续墙导墙以墙体中心轴线各向外扩大 25mm,连续墙接缝部位采用焊接工字钢连接。连续墙施工工艺流程如图 2-2 所示。

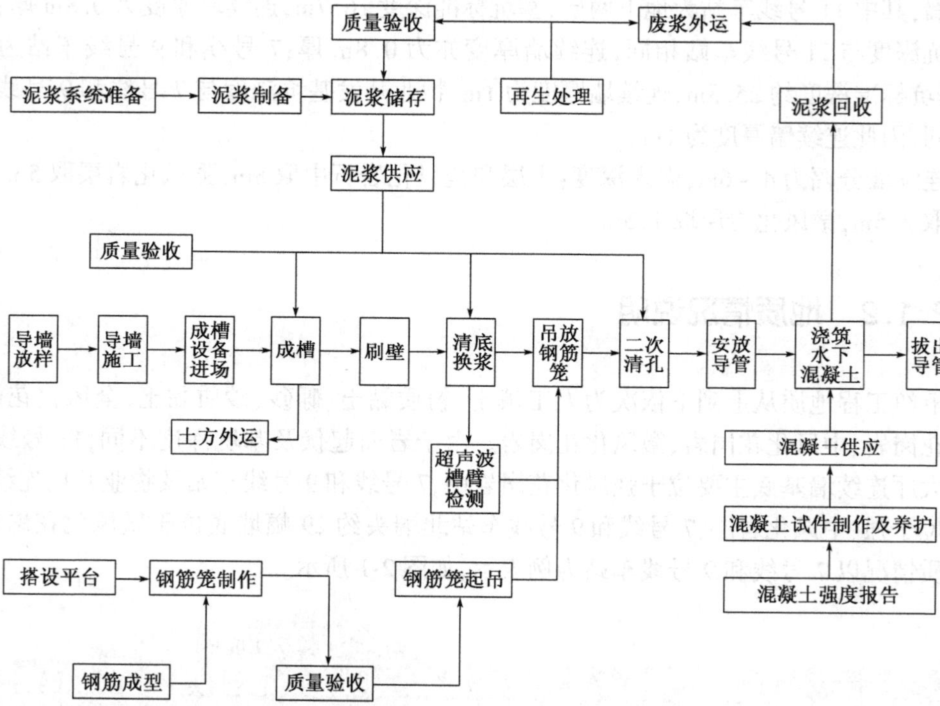

图 2-2 地下连续墙施工工艺流程

2.1.4 特殊部位连续墙施工措施

为保证连续墙成槽的质量,对较厚的透水层段,在连续墙导墙施工前,采取三排双重旋喷桩施工工艺预加固土体形成止水帷幕,以减小连续墙成槽时对房屋的影响。同时,7 号线和 9 号线车公庙站施工可能对泰然工贸园产生影响,在施工过程中必须加以严格的控制。为了确保建筑物的安全,根据设计要求,在建筑物 201 ~ 204 周边预埋袖阀管,暂不注浆。在基坑施工过程中,持续关注建筑物沉降情况,一旦周围建筑物变形达到监测报警值,启动应急方案措施进行袖阀管补偿注浆。如图 2-3 所示为 7 号线和 9 号线车站与泰然工贸园位置关系图。

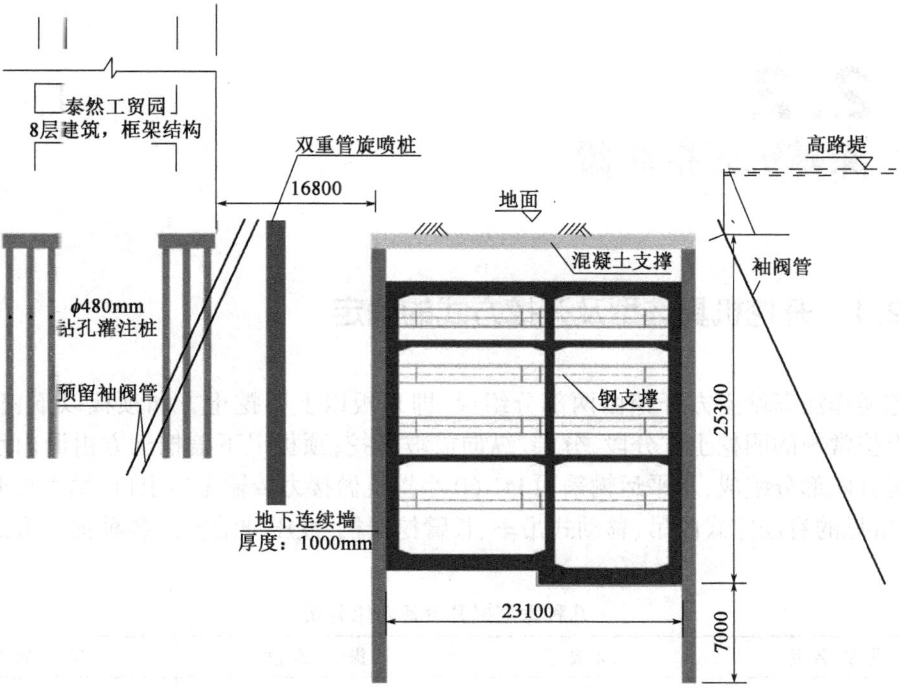

图 2-3　7 号线和 9 号线车站与泰然工贸园位置关系图(尺寸单位:mm)

2.1.5　对连续墙硬岩处理

7 号线和 9 号线车站北端头岩层埋深较浅,连续墙需穿过 2～8m 厚的微风化花岗岩,强度达到 120MPa 以上,单纯采用冲击钻机施工进度缓慢,且长时间冲桩存在较大的坍孔风险;现场首先选用潜孔钻机对岩层呈梅花状进行直径 10cm 钻孔,将微风化花岗岩打孔成蜂窝状,采用液压抓斗将上部土层挖去后,再采用冲击钻机进行成槽,效率较原方案有明显提升(图 2-4)。

a)　　b)

图 2-4　连续墙硬岩潜孔钻打孔处理

2.2 深基坑开挖阶段

2.2.1 开挖机具选型及开挖方式的确定

盖挖逆作法车站土方开挖由两部分组成，即顶板以上明挖土方和顶板以下盖挖土方。顶板以上按常规的明挖土方分段、分层、纵向放坡开挖；顶板以下盖挖土方由洞内水平运输和垂直提升两部分组成，水平运输采用PC-60小挖机做接力传输至出土口，垂直提升设备多种多样，常见的有固定式门吊、移动式吊车、长臂挖掘机、液压伸缩臂。各种提升方式利弊见表2-1。

几种垂直提升设备对比分析　　表2-1

序号	设备名称	场地要求	提升深度	开挖效率
1	固定式门吊	(1)场地要求低； (2)对出土口大小要求低	深度较大	效率低，出土量为80～100m^3/d
2	移动式吊车	(1)场地要求低； (2)对出土口大小要求低	深度较大	效率较低，出土量为300～400m^3/d
3	长臂挖掘机	(1)场地要求低； (2)臂长，挖机旋转对出土口大小要求高	开挖深度最大16m	效率较高，出土量为700～900m^3/d
4	液压伸缩臂	(1)场地要求低； (2)伸缩臂挖机旋转对出土口大小要求低	开挖深度最大30m	效率较高，出土量为1000～1200m^3/d

鉴于上述情况，盖挖逆筑法土方开挖垂直提升常采用长臂挖掘机和液压伸缩臂两种设备，开挖深度较浅时一般采用长臂挖机，深度较深时采用液压伸缩臂。开挖示意如图2-5所示。

2.2.2 盖挖段基坑开挖方法

1）顶板土方开挖

顶板土方开挖时在开挖范围的围护结构封闭且地下水位降低至开挖深度1m以下时组织土方开挖，土方开挖采用PC200挖机后退式放坡开挖，坡度不得小于1:1，开挖深度为顶板梁底高程下20cm。挖机开挖深度为设计深度上15cm后改由人工开挖，检底，然后施作垫层，当垫层混凝土达到强度后开始搭设低支架脚手架及模板，低支模架搭设完成后开始进行结构顶板及下翻梁施工，当顶板施工强度达 100% 时，进行土方回填后才能进行负一层结构土方开挖。盖挖车站顶板土方开挖方法及施工顺序如图 2-6 所示。

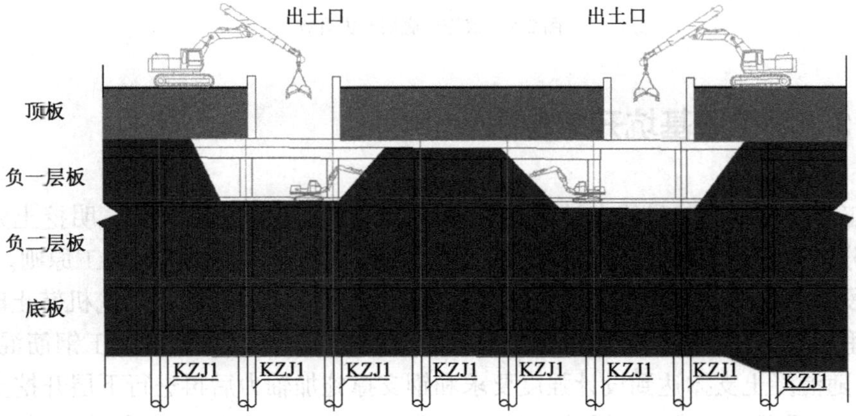

图 2-5　盖挖土方开挖示意图

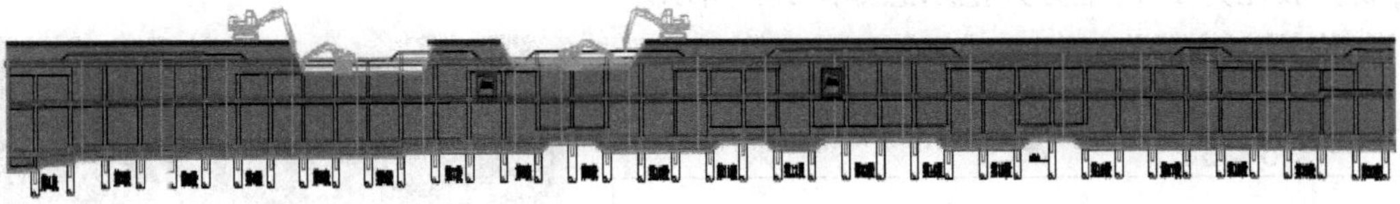

图 2-6　车站顶板明挖土方开挖示意图

2）顶板以下土方开挖

待结构顶板达到设计强度 100% 后组织开挖，进行设计厚度土方回填并修筑施工便道，开挖时先由 PC200 挖机从出土口范围掏土，在具备 PC120 挖机作业空间后下放 PC60 挖机进行顶板以下土方开挖。开挖时先开挖出土口下方四周土体，拓宽 PC120 挖机作业空间，在具备 PC120 挖机作业条件后，下放 3 台 PC120 挖机进行开挖，坡度不得小于 1∶1，土方集中堆放于顶板出土口下方，由液压伸缩臂挖机取土至地面后进行外运，每个出入口负责三段顶板下结构土方开挖。

土方开挖整体挖至结构中板梁底高程时，由人工配合检底 20cm，经整平后浇筑垫层 20cm 混凝土，当垫层达到强度后开始搭设低支模脚手架和模板，并施作结构中板，当结构中板达到强度后开始施工结构侧墙及中柱，侧墙及中柱施工完成后开始下一层土方开挖（图 2-7、图 2-8）。

图 2-7　盖挖段负一层土口开挖土方

图 2-8　盖挖段底层土方开挖

2.2.3　明挖段基坑开挖方法

枢纽工程 7 号线和 9 号线车站南端 68.46m 长基坑采用明挖法施工，明挖土方遵循“分层、分段、分块、对称、平衡、限时”和“先撑后挖、限时支撑、严禁超挖”的施工原则。

明挖段基坑土石方采用挖机配合长臂挖机开挖，最后无法利用长臂挖机转土时，采用液压抓斗机垂直起吊，自卸汽车外运；每层分段开挖到支撑梁底后，及时施工钢筋混凝土支撑或钢支撑，随混凝土支撑达到设计强度要求和钢支撑施加轴力后再进行下层开挖支护施工。

在冠梁及混凝土支撑达到设计强度、基坑降水达到设计要求后，进行第一道支撑以下土方开挖，每个开挖作业面采用 1 台 PC220 长臂挖掘机 +2 台 PC200 反铲挖掘机分层、倒退开挖，放坡坡比为 1:1，土方开挖示意如图 2-9 所示。

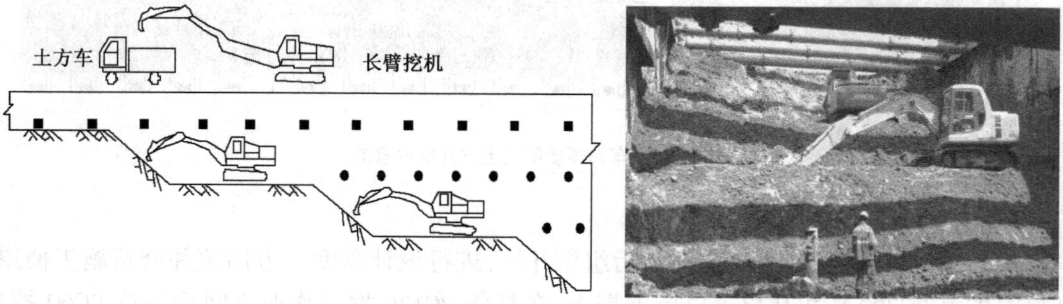

a)　　b)

图 2-9　第一道支撑下土方开挖示意图及现场施工照片

2.3 主体结构阶段

2.3.1　主体施工工艺流程

枢纽工程施工工艺以盖挖法为主，此处以盖挖逆作法为例，重点介绍施工工艺流程及相关施工方法。

枢纽工程车站采用盖挖逆作法施工，首先进行结构顶板下 1.4m 以上土方开挖，并施作 20cm 厚垫层，采用 1.2m 高矮支模进行主体结构顶板施工；结构强度达到设计强度 100% 时，拆除矮支模进行顶板以下土方开挖，开挖至中板下 1.3m 并施作 10cm 厚垫层，采用 1.2m 高矮支模进行主体结构中板施工；中板施工完成后采用移动式模板台车及定制钢模板进行结构侧墙及格构柱外包中立柱施工；待侧墙及立柱混凝土强度达到设计强度 100%，进行底板层土方开挖及底板垫层、底板结构施工；最后采用模板台车及定制钢模进行最下层侧墙及格构柱外包中立柱施工，采用高支模进行出土孔封堵。

主体结构施工工艺流程如图 2-10 ~ 图 2-12 所示。

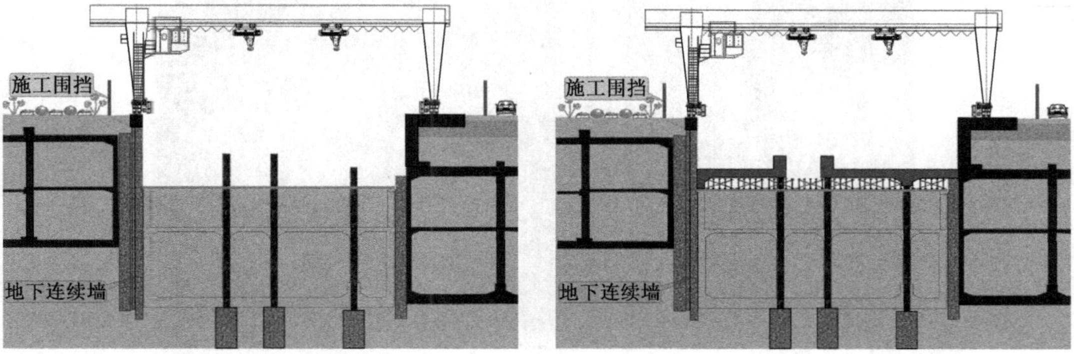

a) b)

图 2-10　顶板垫层、矮支模及顶板施工

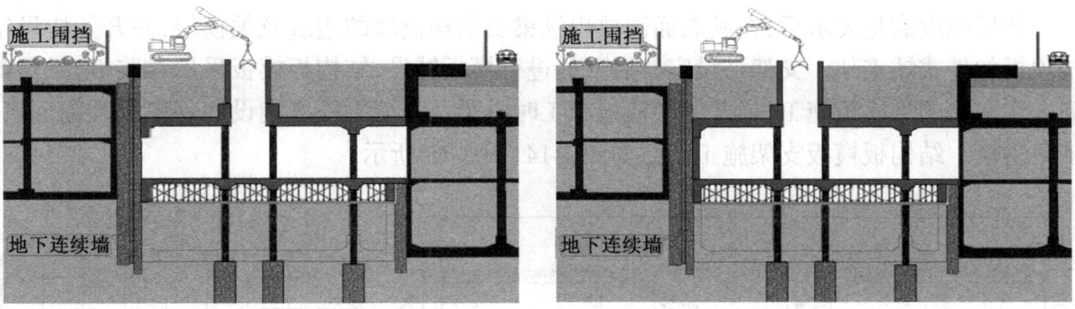

a) b)

图 2-11　中板及负一层侧墙、立柱施工

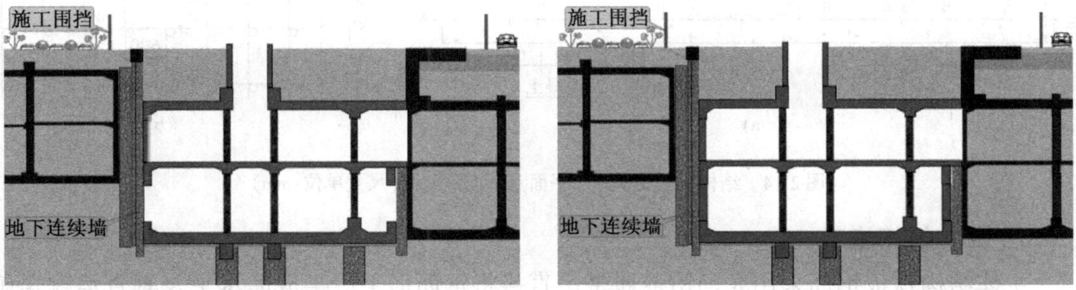

a) b)

图 2-12　底板及底层侧墙、立柱施工

2.3.2 节点部位施工方法

1）垫层施工

在开挖到指定高程后，立即进行结构垫层施工。垫层根据施工节段分段施工，在主体结构施工节段长度两端各加 2m，垫层遇降水井处应暂缓施工，将降水井位置留出，待主体结构施工完毕并达到设计强度后再封闭降水井。混凝土垫层表面应压实、抹光（图 2-13）。

图 2-13　结构板下垫层现场施工照片

2）矮支模施工

垫层强度满足要求后，在其表面测放出纵梁及结构侧墙的边线及关模线，并开始搭设结构顶板扣件式矮支架。支架搭设完毕后开始进行模板铺设，结构板模板采用竹胶板，梁及侧墙采用定型的钢模板施工，梁及侧墙模板施工时沿梁及测墙关模线铺设底钢模板及侧钢模、腋角钢模。结构板模板支架施工示意如图 2-14、图 2-15 所示。

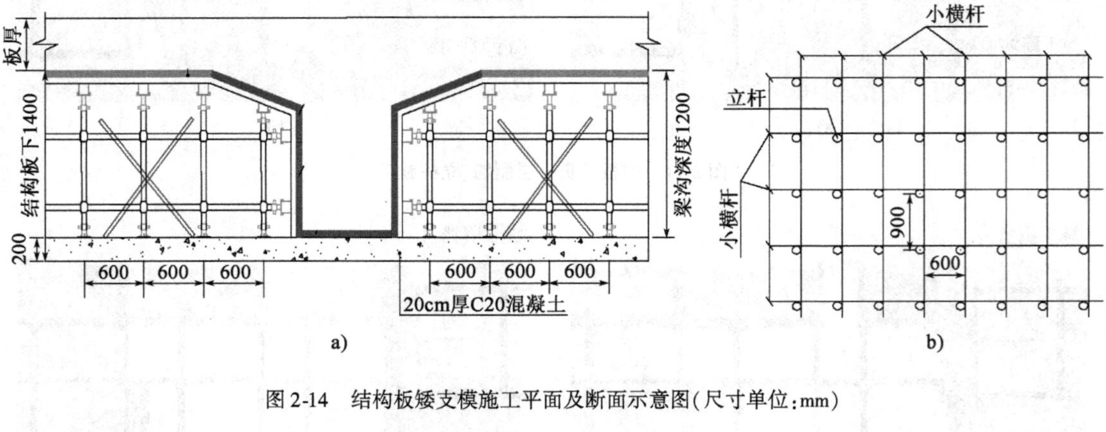

图 2-14　结构板矮支模施工平面及断面示意图（尺寸单位：mm）

3）结构钢筋施工

主体结构顶板钢筋采用龙门吊或履带吊直接将钢筋加工厂半成品水平及垂直运输至施工作业面进行钢筋安装施工，结构侧墙及中立柱钢筋采用预留接驳器与下部钢筋相接方式进行施工，顶板以下结构钢筋由预留出土孔进入结构内进行制造与安装。如图 2-16 ~ 图 2-18所示。

a)

b)

图 2-15　结构板矮支模现场施工照片

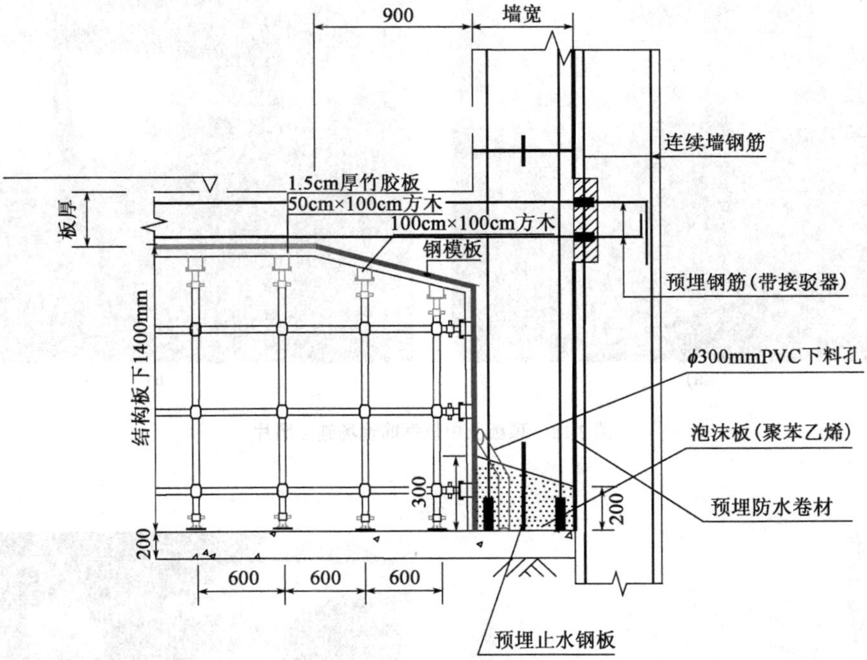

图 2-16　侧墙钢筋预留施工示意图(尺寸单位：mm)

4）混凝土浇筑

主体结构顶板混凝土采用天泵进行浇筑，顶板以下结构采用车载泵或地泵进行浇筑，泵管由出图口进入，泵车架设在施工便道上。如图 2-19 所示。

5）侧墙及格构柱外包立柱施工

侧墙采用自行式模板台车 + 移动混凝土输送泵浇筑，自行式模板台车模板采用设备加工厂加工成形，运输到施工现场进行组装，如图 2-20 所示。

a) b)

图 2-17　侧墙及中立柱钢筋现场施工照片

a) b)

图 2-18　顶板及中板钢筋现场施工照片

a) b)

图 2-19　顶板及中板混凝土浇筑现场施工照片

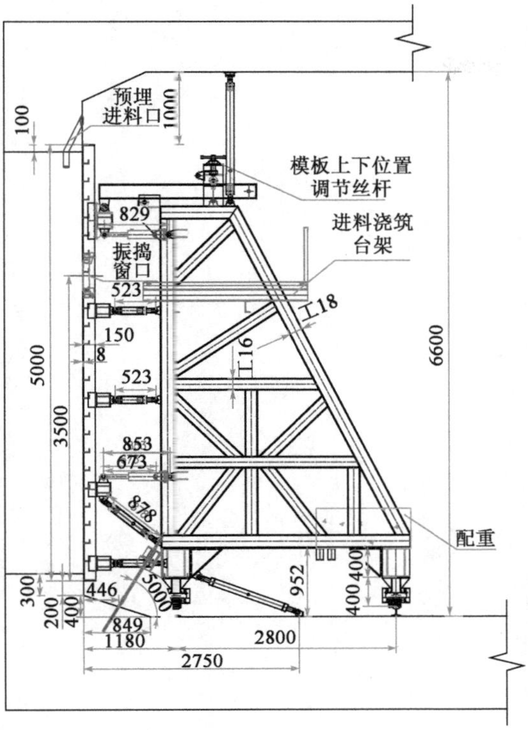

a)

b)

图 2-20　侧墙模板台车施工示意图及现场照片(尺寸单位:mm)

格构柱外包立柱采用定制钢模板施工,顶部与预留柱接口位置采用木模板施作,并预留混凝土进料斜槽,如图 2-21 所示。

a)

b)

图 2-21　格构柱外包立柱钢模施工示意图及现场照片

第3章

四线换乘超大规模地铁车站施工管理关键卡控点及方法

Application o' Key Construction Technologies of Four-line Transfer to Super Large Scale Metro Station

面向挑战的
隧道及地下工程

Application of Key Construction Technologies of Four-line
Transfer to Super Large Scale Metro Station

3.1 施工步序优化分析

3.1.1 各子单位基坑土方开挖顺序

车公庙盖挖段土石方开挖约 67 万 m^3,其中,盖挖段的明挖部分约 23.7 万 m^3,盖挖部分为 43.3 万 m^3,明挖段按每个工作面日出土 1000m^3,盖挖段按每个工作面日出土 800m^3 考虑。为了避免基坑土方开挖相互干扰,根据施工场地周边环境、地下管线分布情况及各子单位的位置关系,详细地编制了各子单位基坑土方的开挖顺序。

11 号线车站范围土方开挖以西端头 6 段及既有 1 号线 C 通道以东 13 段结构为两个工作面同时展开,总体以 C 通道为分界点,C 通道以西部分由东往西施工,C 通道以东部分总体由西往东施工,东西风亭在施工至相应位置顶板时与车站主体同步施工。在 D 通道范围负一层中板结构施工完成后,倒边 1 号线 D 通道作为 1 号线车公庙站临时通道,封闭 C 通道,进行 C 通道范围土方开挖。

7 号线和 9 号线北端头与 11 号线重叠段受管线改迁及硬岩处理影响,围护结构及型钢立柱施工稍滞后于车站南端开挖,盖挖段土方开挖前先施工连续墙隔离明、盖挖段,再从南端头盾构吊出井(第 13 段)由南向北推进,南端土方从 3 号桥洞至深南大道外运;车站北端第 1 ~ 6 段由两端往中间施工,利用物业基坑、换乘大厅、11 号线车站及东风道进行土方外运、材料及钢筋加工厂设置于物业基坑顶板;明挖段由北向南开挖,利用泰然四路及南大门外运土方。

换乘大厅采用盖挖法施工,待 11 号线车站和 7 号线和 9 号线车站顶板土方开挖完成并回填后,换乘大厅开始进行土方开挖。总体顺序由西往东,利用物业开发及 7 号线和 9 号线便道从东大门进行土方外运。

物业基坑开挖采用明挖法,顶板开挖总体开挖顺序由西往东。土方外运路线综合换乘大厅、7 号线和 9 号线北端头顶板施工进展情况,土方外运设置两条运输路线:①经换乘大厅穿 7 号线和 9 号线从东大门运出;②经 7 号线和 9 号线南端已施工顶板往 3 号涵洞运出。

3.1.2 分析

由于施工前对土方开挖的顺序及外运路径进行了详细、周密的安排,在基坑开挖过程中,土方开挖有序进行,减小了互相干扰,大大提高了土方开挖进度及外运的能力,为车公庙站顺利完成施工提供了保证。因此在四线换乘车站工序复杂时,提前根据施工周边环境、地下管线分布及地下建筑的影响,合理安排正确的开挖顺序及外运路径至关重要。

3.2 盖挖法施工控制技术

3.2.1 施工方法

盖挖逆作法施工过程中利用水平方向上的结构板作为一种强大的水平支撑结构来保证基坑安全,以7号线和9号线地下三层车站为例,施工工序流程如图3-1所示。

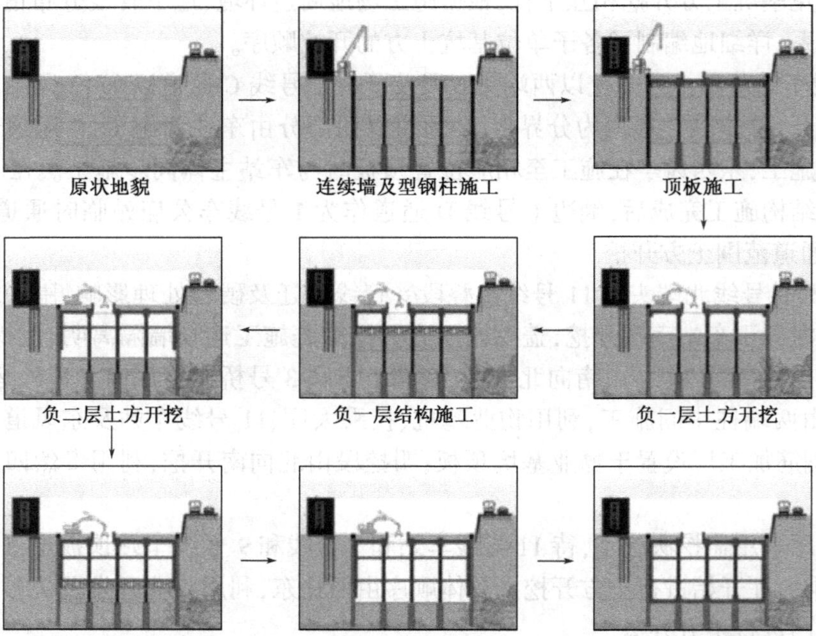

图3-1 盖挖逆作法施工工序流程图

3.2.2 土方开挖施工方法

盖挖逆作法车站土方开挖机具选型及开挖方式的确定已在2.2.1节提及,此处不再赘述。

(1)顶板土方开挖时,在开挖范围围护结构封闭并且地下水位降低至开挖深度1m以下时组织土方开挖,土方开挖采用PC200挖机后退式放坡开挖,坡度不得小于1:1,开挖深度为顶板梁底高程下20cm。挖机开挖深度为设计深度上15cm后改由人工开挖,捡底,然后施作 C20 垫层 20cm，当垫层混凝土达到强度后开始搭设低支架脚手架及模板，低支模架搭设完成后开始进行结构顶板及下翻梁施工，当顶板施工强度达 100% 时，进行土方回填后才能进行负一层结构土方开挖。

(2)负一层土方开挖在顶板结构完成 4 段且达到设计强度 100% 后组织开挖，开挖时先由 PC200 挖机从出土口范围掏土，在具备 PC120 挖机作业空间后下放 PC60 挖机进行负一层土方开挖。开挖时先开挖出土口下方四周土体，拓宽 PC120 挖机作业空间，在具备 PC120 挖机作业条件后，下放 3 台 PC120 挖机进行负一层土方开挖，坡度不得小于 1:1，土方集中堆放于顶板出土口下方，由液压伸缩臂挖机取土至地面后进行外运，每个出入口负责三段负一层结构土方开挖。

负一层土方开挖整体挖至结构中板梁底高程时，由人工配合检底 20cm，经整平后浇筑垫层 20cm 混凝土，当垫层达到强度后开始搭设低支模脚手架和模板，并施作负一层结构中板，当中板达到强度后开始施工负一层结构侧墙及中柱，侧墙及中柱施工完成后开始负二层土方开挖。负一层施工方法如图 3-2 所示。

图 3-2　盖挖段负一层土口开挖土方

(3)在每个顶板出土口下方三段负一层结构中板全部施工完成且达到设计强度 100% 后，进行负二层土方开挖，开挖方法同负一层开挖方法，先由 PC120 挖机取完负一层出土口范围土方后下放一台 PC60 挖机，拓宽负二层出土口周边土方，在具备 PC120 挖机作业条件后先后下放 3 台 PC120 挖机进行负二层土方开挖，坡度不得小于 1:1，土方集中堆放于负一层出土口下方，由液压伸缩臂挖机取土至地面后进行外运，每个出入口负责三段负一层结构土方开挖。负二层土方开挖如图 3-3 所示。

图 3-3　盖挖段负二层土方开挖

(4)土方开挖时先由小挖机沿出土口开挖，满足作业空间要求后下放其他挖机开挖。

(5)土方可通过液压抓斗垂直提升。

3.2.3　人工控制要点

(1)在土方开挖中，防止超挖、欠挖，基底预留 20cm 进行人工检底，架设水准仪进行量测配合。

(2)在开挖前期需提前测量降水井内的水位高度,保证水位低于开挖面下1m,在开挖过程中及时测量井内水位,安排专门人员进行抽水,保证井内水面始终低于开挖面。

(3)在开挖过程中,及时对围护结构测量进行观察,发现侵线现象及时进行测量将侵线部位进行凿除,避免后期再处理,否则会增加施工难度。

(4)土方开挖过程中,需要对降水井进行保护,降水井口高于垫层20cm,并在井口加盖保护盖,防止垃圾掉入井内堵塞井道。

(5)在型钢柱周边禁止挖机进行开挖,由人工进行清理。

(6)基坑内停止开挖时,需对基坑内土方刷1:1坡度,以防土方坍塌。

(7)土方开挖从上到下依次开挖,严禁掏"神仙土"。

3.2.4 质量控制

(1)土方开挖。土方开挖边坡按照1:1坡比进行放坡开挖。土方开挖一段,施作一段垫层,垫层距离开挖边坡底5m。

(2)基坑开挖允许误差。基坑开挖过程中,要严格控制高程、基坑边坡的超欠或偏差,顶板土方开挖允许偏差与检验方法详见表3-1。

土方开挖允许偏差与检验方法 表3-1

序号	项　目	允许偏差(mm)	检验频率		检验方法
			范围	点数	
1	坑底高程	+10,-20	每段基坑或长50m	5	用水准仪
2	纵横轴线	50		2	用经纬仪,纵横向各侧
3	基坑尺寸	不小于设计		4	用尺量,每边各计一点
4	基坑边坡	设计的5%		4	用坡度尺量

3.2.5 注意事项

(1)开挖前基坑水位必须降至开挖面1m以下。

(2)开挖作业时禁止机械碰撞已经施作的主体结构,多台挖机作业时作业间距必须满足挖机旋转半径。

(3)在开挖过程中,对降水井管和型钢柱等应有必要的保护措施。对降水井、型钢柱、声测管竖立醒目标志,1m范围处设置防护栏,在开挖过程中应派专人旁站,如发现降水井和型钢柱外围的碎石露出后应立即停止机械开挖,派人工将周围碎石掏出后方可进行其他部分土方开挖,并在降水井和型钢柱上布置好夜间施工反光带,降水井管切割后应及时用钢板覆盖。

(4)地下作业空间必须有足够照明灯具,照明及作业用电缆应该按规定进行布置并注意保护,电缆拆接应该由专业电工操作。

(5)开挖过程中围护结构出现渗漏时,应及时在渗漏位置设置临时集水坑,进行地下水抽排。

3.3 矮支架及模板施工工艺

目前,盖挖逆作法结构板施工以地模为主,但在工程实践过程中,地模施工表现出对地质要求高,梁柱节点施工精度控制困难,结构表观质量不易控制,且地模破除需在土方开挖后才能进行,操作空间小、施工难度大、安全隐患大。针对上述问题,该项目技术人员不断地积累和总结经验并结合实际进行创新,发明了矮支架施工技术。

3.3.1 施工要求

1）模板及支架材料要求

钢管:采用 ϕ48mm ×3.5mm 钢管,无腐蚀、无变形、无扭曲、无断裂。

调节钢支托:无脱焊及螺栓松动现象。

扣件:采用普通钢管扣件。

模板:结构板底采用 1220mm ×2440mm ×15mm 规格黑漆竹胶合板。

方木:100mm ×100mm ×4000mm,50mm ×100mm ×4000mm。

2）矮支架搭设要求

(1)立杆

盖挖结构段立杆长度主要为 0.7m。负一层横纵向立杆间距 0.6m ×0.9m,负二、三层立杆横纵向立杆间距 0.8m ×0.8m,垂直度允许搭设偏差 ±10cm。

(2)水平杆

盖挖结构段负一层横杆水平纵横间距为 0.6m ×0.9m,负二、三层立杆横纵向立杆间距 0.8m ×0.8m,步距为 0.7m。

①扫地杆设置:模板支架必须设置纵、横向扫地杆。纵向扫地杆应固定在距底座上不大于 200mm 处的立杆上,横向扫地杆亦应固定在紧靠纵向扫地杆下方的立杆上。当立杆基础不在同一高度上时,必须将高处的纵向扫地杆向低处延长两跨与立杆固定,高低差不应大于 1m。靠边坡上方的立杆轴线到边坡的距离不应小于 500mm。

②立杆之间满设双向水平杆,纵横向水平拉杆步距 1.2m,确保其在两个方向都具有足够的设计刚度,一根横杆两端的高差不能超过 2cm,纵向水平杆全长平整度不小于 ±10cm。

(3)顶托及底座

顶托设置在立杆的顶端,插在立杆顶的端部,矮支架顶托的可调托撑螺杆伸出长度不宜超过30cm,插入立杆内的长度不得小于15cm。顶托长度控制在50~60cm。

3.3.2 施工过程

盖挖段主体结构竖向施工步序为:某区顶板施工→对应区块负一层中板施工→负一层立柱及负一层侧墙施工→对应区块负二层中板施工→对应块负二层立柱及侧墙施工→结构底板施工→负三层立柱及负三层侧墙施工。在开挖过程中存在结构板支架模板、结构板与梁节点处、结构板与中立柱节点处和结构板与侧墙节点处等典型施工部位,以下分部位进行说明。

1)结构板支架模板施工

垫层顶到结构板底为1.2m,作为支架及模板搭设空间。主体结构顶板模板支架采用ϕ48×3.5mm普通钢管支架,顶板立杆横向间距600mm,纵向间距900mm,下部设扫地杆,扫地杆距离地面高度为200mm;结构负一、二层中板模板支架采用ϕ48×3.5mm碗扣式满堂支架,顶板立杆横向间距800mm,纵向间距800mm,下部设扫地杆,扫地杆距离地面高度为200mm。如图3-4所示。

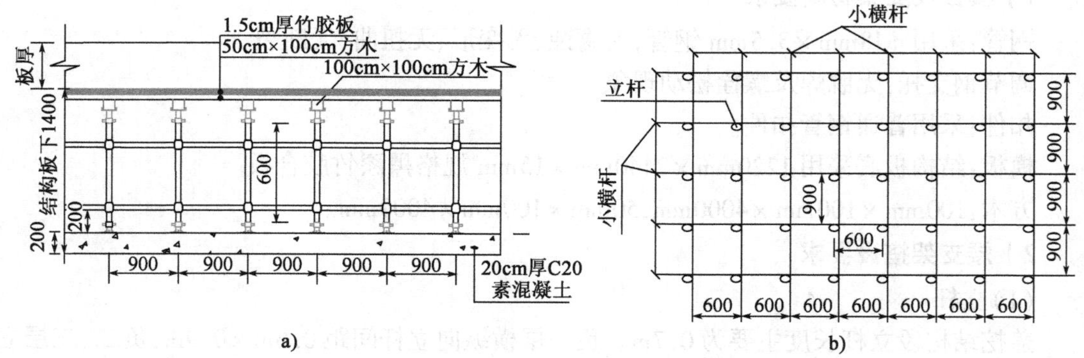

图3-4 矮支架施工示意图(尺寸单位:mm)

2)结构板与梁节点处支架模板施工

7号线和9号线基坑开挖至结构板底高程下1.4m经找平后,开始施工进行垫层20cm厚C20素混凝土浇筑,素混凝土强度满足要求后,在素混凝土表面测放出梁的边线及关模线,并在梁两侧搭设结构板满堂式脚手架,结构板脚手支架横向间距600mm,纵向间距900mm,下部设扫地杆,扫地杆距离地面高度为200mm;支架搭设完毕后开始进行模板铺设。支架搭设至梁边时,进行梁底模板施工,模板仍用15mm厚的竹胶板+脚手架支撑形式。梁底铺设1.5cm后竹胶板,下垫5根10cm×10cm方木,纵向布置,间距为30cm。在梁两侧沿纵横向各布置间距为5m的剪刀撑。如图3-5所示。

3)结构板与侧墙节点处支架模板施工

7号线和9号线结构与侧墙相连处,脚手支架横向间距600mm,纵向间距900mm,下部设扫地杆,扫地杆距离地面高度为200mm,沿纵横向布置间距为4.8m的剪刀撑;模板均采用1.5cm 厚竹胶板。为方便边墙下段施工,在墙脚下做成 900mm × 200mm 的倒角,下方用方木垫平,墙体中间预埋止水钢板,外部模板封闭,脚手架支撑。如图 3-6 所示。

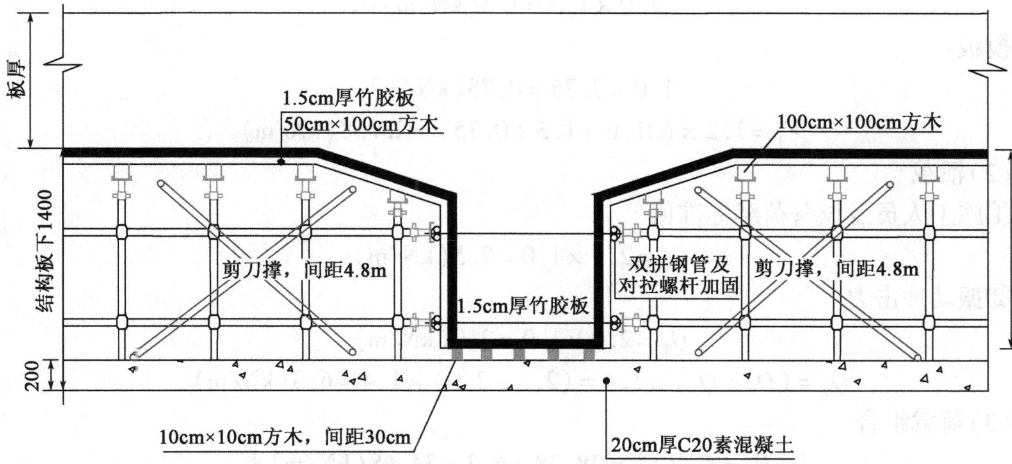

图 3-5　板、梁节点支架模板施工示意图(尺寸单位:mm)

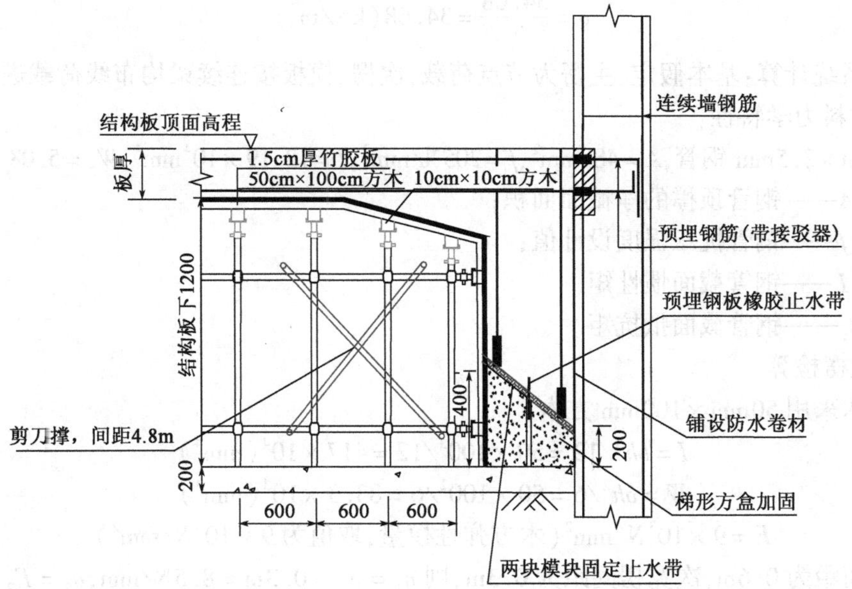

图 3-6　板、墙节点支架模板施工示意图(尺寸单位:mm)

3.3.3　荷载计算

1）盖挖顶板(板厚 900mm)荷载计算

(1)恒载

混凝土:

$$0.9\times1.0\times24=21.6(\text{kN/m})$$

钢筋：

$$1.0\times1.3=1.3(\text{kN/m})$$

模板：

$$1.0\times0.75=0.75(\text{kN/m})$$

$$F_1=1.2\times(21.6+1.3+0.75)=28.38(\text{kN/m})$$

(2)活载

①施工人员及设备荷载标准值

$$Q_0=2.5\times1.0=2.5(\text{kN/m})$$

②振动冲击力

$$Q_1=2.0\times1.0=2.0(\text{kN/m})$$

$$Q_2=(Q_0+Q_1)\times1.4=(2.5+2.0)\times1.4=6.3(\text{kN/m})$$

(3)荷载组合

$$F_2=G_1+Q_2=28.38+6.3=34.68(\text{kN/m})$$

荷载分布：

$$q=\frac{34.68}{1}=34.68(\text{kN/m}^2)$$

支撑系统计算：基本假定，主楞为节点荷载，次楞、模板按连续梁均布线荷载进行考虑。

(4)材料力学特性

ϕ48mm×3.5mm 钢管，$A=489\text{mm}^2$，$f=205\text{N/mm}^2$，$I=12.19\times10^4\text{mm}^4$，$W_x=5.08\times10^3\text{mm}^3$。

其中：A——钢管顶撑的净截面面积；

f——钢管抗压强度设计值；

I——钢管截面惯性矩；

W_x——钢管截面抵抗矩。

(5)次楞检算

次楞木采用 50mm×100mm 方木。

$$I=bh^3/12=50\times100^3/12=417\times10^4(\text{mm}^4)$$

$$W=bh^2/6=50\times100^2/6=83.3\times10^3(\text{mm}^3)$$

$$E=9\times10^3\text{N/mm}^2(\text{木方弹性模量，取值为 }9\times10^3\text{N/mm}^2)$$

主楞间距为 0.6m，次宽楞间距为 0.3m，则 $q_1=F_1\times0.3\text{m}=8.5\text{N/mm}$，$q_2=F_2\times0.3\text{m}=10.4\text{N/mm}$。

按抗弯强度要求次楞间距用公式：

$$[\sigma]=M/W=1/8q_2l^2/(1/6bh^2)=13(\text{N/mm})(\text{方木截面应力 }\sigma\text{ 值为 }13\text{N/mm}^2)$$

$$l^2=[1/6bh^2/(1/8q_2)]\times13=912^2(\text{mm}^2)$$

$$l=912\text{mm}$$

按刚度要求次楞间距用公式：

$$[\omega]=0.677q_1l^4/(100EI)=600/250=2.4(\text{mm})$$

$$l^4=[100EI\times2.4/(0.677q_1)]=1118^4(\text{mm}^4)$$

$$l = 1118\text{mm}$$

取两个数值较小的值，即取 $l = 912\text{mm}$，主楞间距实际用 $l = 600\text{mm}$，满足要求。

(6)主楞检算

主楞木采用 100mm × 100mm 方木。

$$I = bh^3/12 = 100 \times 100^3/12 = 833.3 \times 10^4(\text{mm}^4)$$

$$W = bh^2/6 = 100 \times 100^2/6 = 166.7 \times 10^3(\text{mm}^3)$$

$$E = 9 \times 10^3\text{N/mm}^2$$

主楞承受的次楞作用的荷载，按多跨连续梁计算，其跨度按下式计算：

按抗弯强度要求主楞间距用公式：

纵向立杆间距为 0.9m，主楞间距为 0.6m，$q_2 = F_2 \times 0.6\text{m} = 20.81\text{N/mm}$，$q_1 = F_1 \times 0.6\text{m} = 17.03\text{N/mm}$。

$$[\sigma] = M/W = 1/8q_2l^2/(1/6bh^2) = 13(\text{N/mm})$$

$$l^2 = [1/6bh^2/(1/8q_2)] \times 13 = 912^2(\text{mm}^2)$$

$$l = 912\text{mm}$$

按刚度要求主楞间距用公式：

$$\omega = 0.677q_1l^4/(100EI) = 600/250 = 2.4(\text{mm})$$

$$l^4 = [100EI \times 2.4/(0.677q_1)] = 1118^4(\text{mm}^4)$$

$$l = 1118\text{mm}$$

取两个数值较小的值，即取 $l = 912\text{mm}$，立杆间距实际用 $l = 900\text{mm}$（纵向间距最大），满足要求。

(7)模板验算

面板采用 15mm 厚竹胶板，取 1m 宽为研究对象。

$$I = bh^3/12 = 1000 \times 15^3/12 = 281250(\text{mm}^4)$$

$$W = bh^2/6 = 1000 \times 15^2/6 = 37500(\text{mm}^3)$$

$$E = 10000\text{N/mm}^2$$

验算抗弯强度：

模板可看作多跨连续梁，查表得：

$$M = 1/8ql^2 = 0.125 \times 34.68 \times 3002 = 3.9 \times 10^5(\text{N} \cdot \text{mm})$$

$$\sigma = M/W = 3.9 \times 10^5/37500 = 10.4(\text{N/mm}^2) < [\sigma] = 15\text{N/mm}^2(\text{可行})$$

验算挠度：

$\omega = 0.677qL^4/100EI = 0.677 \times 28.38 \times 3004/(100 \times 10000 \times 281250) = 0.55(\text{mm}) < [\omega] = L/250 = 1.2\text{mm}$

综上结论可得出面板模板满足要求，可行。

(8)立杆支撑荷载计算（控制要素：立杆的承载能力）

每根立杆的竖向荷载（纵向间距 600mm，横向间距 600mm）：

$$N = 0.6 \times 0.9 \times 34.68 = 18.73(\text{kN})$$

因 ϕ48mm × 3.5mm 钢管立杆在板底最大高度为 1.2m，立杆设为 2 道横杆，1 道扫地杆，其计算长度取：

$$L = h - 2a = 1.2 - 2 \times 0.2 = 0.8(\text{m})$$

其中：h——支架立杆的步距，该工程模板支架立杆步距1.2m；

a——模板支架立杆伸出顶层横向水平杆中心线至模板支撑点的长度。

回转半径：

$$i = \sqrt{I/A} = 15.78(\text{mm})$$

长细比：

$$\lambda = \frac{L}{i} = \frac{800}{15.78} = 50.7$$

查《建筑施工计算手册》附表5-18，知Q235钢轴心受压构件的稳定系数：$\alpha = 0.829$，此立杆最大承载力：

$f = N/\alpha A = 18730/(0.829 \times 489) = 46.2(\text{N/mm}^2) < 205\text{N/mm}^2$，可见立杆支撑安全。

(9)地基承载力计算

已知$f_b = 34.68\text{kN/m}^2$，查阅图纸及地质勘察报告可知，地基属于粉质黏性土，地基承载力特征值为$140\text{kN/m}^2 > f_b$，可见此地基承载力足够。

2）盖挖中板（板厚400mm）荷载计算

(1)恒载

混凝土：

$$0.4 \times 1.0 \times 24 = 9.6(\text{kN/m})$$

钢筋：

$$1.0 \times 1.3 = 1.3(\text{kN/m})$$

模板：

$$1.0 \times 0.75 = 0.75(\text{kN/m})$$

$$F_1 = 1.2 \times (9.6 + 1.3 + 0.75) = 13.98(\text{kN/m})$$

(2)活载

①施工人员及设备荷载标准值

$$Q_0 = 2.5 \times 1.0 = 2.5(\text{kN/m})$$

②振动冲击力

$$Q_1 = 2.0 \times 1.0 = 2.0(\text{kN/m})$$

$$Q_2 = (Q_0 + Q_1) \times 1.4 = (2.5 + 2.0) \times 1.4 = 6.3(\text{kN/m})$$

(3)荷载组合

$$F_2 = G_1 + Q_2 = 13.98 + 6.3 = 20.28(\text{kN/m})$$

荷载分布：

$$q = \frac{20.28}{1} = 20.28(\text{kN/m}^2)$$

(4)支撑系统计算

基本假定：主楞为节点荷载，次楞、模板按连续梁均布线荷载进行考虑。

材料力学特性：$\phi48mm \times 3.5mm$ 钢管，$A = 489mm^2$，$f = 205N/mm^2$，$I = 12.19 \times 10^4 mm^4$，$W_x = 5.08 \times 10^3 mm^3$。

其中：A——钢管顶撑的净截面面积；

f——钢管抗压强度设计值；

I——钢管截面惯性矩；

W_x——钢管截面抵抗矩。

(5)次楞验算

次楞木采用 50mm×100mm 方木。

$$I = bh^3/12 = 50 \times 100^3/12 = 417 \times 10^4 (mm^4)$$

$$W = bh^2/6 = 50 \times 100^2/6 = 83.3 \times 10^3 (mm^3)$$

$$E = 9 \times 10^3 N/mm^2$$

主楞间距为 0.9m，次宽楞间距为 0.3m，则 $q_1 = F_1 \times 0.3m = 4.19N/mm$，$q_2 = F_2 \times 0.3m = 6.08N/mm$。

按强度要求，次楞间距用公式：

$$[\sigma] = M/W = 1/8q_2l^2/(1/6bh^2) = 13(N/mm)$$

$$l^2 = [1/6bh^2/(1/8q_2)] \times 13 = 1194^2 (mm^2)$$

$$l = 1194mm$$

按刚度要求，次楞间距用公式：

$$[\omega] = 0.677q_1l^4/(100EI) = 600/250 = 2.4(mm)$$

$$l^4 = [100EI \times 2.4/(0.677q_1)] = 1335^4 (mm^4)$$

$$l = 1335mm$$

取两个数值较小的值，即取 $l = 1194mm$，主楞间距实际用 $l = 900mm$，满足要求。

(6)主楞检算

主楞木采用 100×100mm 方木。

$$I = bh^3/12 = 100 \times 100^3/12 = 833.3 \times 10^4 (mm^4)$$

$$W = bh^2/6 = 100 \times 100^2/6 = 166.7 \times 10^3 (mm^3)$$

$$E = 9 \times 10^3 N/mm^2$$

主楞承受的模板作用的荷载，按多跨连续梁计算，其跨度按下式计算：

按强度要求，主楞间距用公式：

纵向立杆间距为 0.9m，主楞间距为 0.9m，则 $q_2 = F_2 \times 0.9 = 18.25N/mm$，$q_1 = F_1 \times 0.9 = 12.58N/mm$。

$$[\sigma] = M/W = 1/8q_2l^2/(1/6bh^2) = 13(N/mm)$$

$$l^2 = [1/6bh^2/(1/8q_2)] \times 13 = 1193^2 (mm^2)$$

$$l = 1193mm$$

按刚度要求，主楞间距用公式：

$$\omega = 0.677q_1l^4/(100EI) = 600/250 = 2.4(mm)$$

$$l^4 = [100EI \times 2.4/(0.677q_1)] = 1206^4 (mm^4)$$

$$l = 1206\text{mm}$$

取两个数值较小的值，即取 $l = 1193\text{mm}$，立杆间距实际用 $l = 900\text{mm}$（纵向最大），满足要求。

(7)模板验算

面板采用15mm厚竹胶板，取1m宽为研究对象。

$$I = bh^3/12 = 1000 \times 15^3/12 = 281250(\text{mm}^4)$$

$$W = bh^2/6 = 1000 \times 15^2/6 = 37500(\text{mm}^3)$$

$$E = 10000\text{N/mm}^2$$

验算抗弯强度：

模板可看作多跨连续梁，查表得：

$$M = 1/8qL_2 = 0.125 \times 20.28 \times 300^2 = 2.28 \times 10^5(\text{N} \cdot \text{mm})$$

$$\sigma = M/W = 2.28 \times 10^5/37500 = 6.08(\text{N/mm}^2) < [\sigma] = 15\text{N/mm}^2(\text{可行})$$

验算挠度：

$\omega = 0.677ql^4/100EI = 0.677 \times 13.98 \times 300^4/(100 \times 10000 \times 281250) = 0.27(\text{mm}) \leqslant [\omega] = L/250 = 1.2\text{mm}$

综上结论可得出面板模板满足要求，可行。

(8)立杆支撑荷载计算（控制要素：立杆的承载能力）

每根立杆的竖向荷载（纵向间距900mm，横向间距900mm）：

$$N = 0.9 \times 0.9 \times 20.28 = 16.43(\text{kN})$$

因 ϕ48mm×3.5mm 钢管立杆在板底最大高度为1.2m，建议立杆加设2道横杆，1道扫地杆，其计算长度取：

$$L = h - 2a = 1.2 - 2 \times 0.2 = 0.8(\text{m})$$

其中：h——支架立杆的步距，该工程模板支架立杆步距1.2m；

a——模板支架立杆伸出顶层横向水平杆中心线至模板支撑点的长度。

回转半径：

$$i = \sqrt{\frac{I}{A}} = 15.78\text{mm}$$

长细比：

$$\lambda = \frac{L}{i} = \frac{800}{15.78} = 50.7$$

查《建筑施工计算手册》附表5-18知，Q235钢轴心受压构件的稳定系数：$\alpha = 0.829$，此立杆最大承载力：

$f = N/\alpha A = 16430/(0.829 \times 489) = 40.5(\text{N/mm}^2) < 205\text{N/mm}^2$，可见立杆支撑安全。

(9)地基承载力计算

已知 $f_b = 20.28\text{kN/m}^2$，查阅图纸及地质勘察报告可知，地基属于砾质黏性土，地基承载力特征值为 $220\text{kN/m}^2 > f_b$，可见此地基承载力足够。

3）梁体侧模板验算

该工程盖挖段结构顶板不需搭设支架，梁体直接支撑在结构垫层上，负一、二层需搭设碗扣式支架,因此盖挖段梁体侧模板验算选用中板环梁 1000mm × 1000mm 为梁模板验算对象。

顶梁荷载计算、组合:

钢筋混凝土自重:$24 \times 1.0 = 24(kN/m^2)$;

模板自重:$0.75kN/m^2$;

混凝土振捣产生的荷载:$2kN/m^2$;

施工人员及设备荷载:$2.5kN/m^2$;

强度检算荷载组合:模板自重 + 钢筋混凝土自重 + 振捣产生的荷载 + 施工人员及设备荷载;

强度检算荷载组合:模板自重 + 钢筋混凝土自重 + 振捣产生的荷载 + 施工人员及设备荷载。

$$F_2 = (0.75 + 24) \times 1.2 + (2 + 2.5) \times 1.4 = 36(kN/m^2)$$

刚度检算荷载组合:模板自重 + 钢筋混凝土自重。

$$F_1 = (0.75 + 24) \times 1.2 = 29.7(kN/m^2)$$

(1)模板检算

面板采用 15mm 厚竹胶板,取 1m 宽为研究对象。

$$I = bh^3/12 = 1000 \times 15^3/12 = 281250(mm^4)$$

$$W = bh^2/6 = 1000 \times 15^2/6 = 37500(mm^3)$$

$$E = 10000N/mm^2$$

验算抗弯强度:

模板可看作多跨连续梁,查表得:

$$M = 0.125q_1l^2 = 0.125 \times 36 \times 300^2 = 40.5 \times 10^4(N \cdot mm)$$

$$\sigma = M/W = 40.5 \times 10^4/37500 = 10.8N/mm^2 < [\sigma] = 15N/mm^2(\text{可行})$$

验算挠度:

$$\omega = 0.677q_2l^4/100EI = 0.677 \times 36 \times 300^4/(100 \times 10000 \times 281250) = 0.7(mm) \leqslant [\omega] = L/250 = 1.2mm$$

综上结论可得出面板模板满足要求,可行。

(2)次楞检算

次楞木采用 50mm × 100mm 方木,梁底次楞间距为 300mm,主楞间距为 900mm。

$$I = bh^3/12 = 50 \times 100^3/12 = 417 \times 10^4(mm^4)$$

$$W = bh^2/6 = 50 \times 100^2/6 = 83.3 \times 10^3(mm^3)$$

$$E = 9 \times 10^3N/mm^2$$

主楞间距为 0.9m,次宽楞间距为 0.3m,则 $q_1 = F_1 \times 0.3m = 8.91N/mm$,$q_2 = F_2 \times 0.3m = 10.8N/mm$。

按强度要求次楞间距用公式:

$$[\sigma] = M/W = 1/8q_2l^2/(1/6bh^2) = 13(N/mm)$$

$$l^2 = [1/6bh^2/(1/8q_2)] \times 13 = 916^2(\text{mm}^2)$$

$$l = 916\text{mm}$$

按刚度要求次楞间距用公式：

$$[\omega] = 0.677q_1l^4/(100EI) = 600/250 = 2.4(\text{mm})$$

$$l^4 = [100EI \times 2.4/(0.677q_1)] = 1105^4(\text{mm}^4)$$

$$l = 1105\text{mm}$$

取两个数值较小的值，即取 $l=916\text{mm}$，主楞间距实际用 $l=900\text{mm}$，满足要求。

(3)主楞检算

主楞木采用 100mm×100mm 方木：

$$I = bh^3/12 = 100 \times 100^3/12 = 833.3 \times 10^4(\text{mm}^4)$$

$$W = bh^2/6 = 100 \times 100^2/6 = 166.7 \times 10^3(\text{mm}^3)$$

$$E = 9 \times 10^3\text{N/mm}^2$$

主楞承受的模板作用的荷载，按多跨连续梁计算，其跨度按下式计算：

按强度要求主楞间距用公式：

纵向立杆间距为 0.9m，主楞间距为 0.9m，侧 $q_1 = F_2 \times 0.6 = 17.82(\text{N/mm})$，$q_2 = F_1 \times 0.6 = 21.6(\text{N/mm})$。

$$[\sigma] = M/W = 1/8q_2l^2/(1/6bh^2) = 13(\text{N/mm})$$

$$l^2 = [1/6bh^2/(1/8q_2)] \times 13 = 926^2(\text{mm}^2)$$

$$l = 926\text{mm}$$

按刚度要求主楞间距用公式：

$$\omega = 0.677q_1l^4/(100EI) = 600/250 = 2.4(\text{mm})$$

$$l^4 = [100EI \times 2.4/(0.677q_1)] = 1105^4(\text{mm}^4)$$

$$l = 1105\text{mm}$$

取两个数值较小的值，即取 $l=926\text{mm}$，立杆间距实际用 $l=900\text{mm}$(纵向最大)，满足要求。

(4)立杆支撑荷载计算(控制要素：立杆的承载能力)

每根立杆的竖向荷载(纵向间距 900mm，横向间距 900mm)：

$$N = 0.9 \times 0.9 \times 36 = 29.16(\text{kN})$$

因 ϕ48mm×3.5mm 钢管立杆在板底最大高度为 1.2m，建议立杆加设 1 道道横杆，1 道扫地杆，其计算长度取：

$$L = h - 2a = 1.2\text{m} - 2 \times 0.2\text{m} = 0.8\text{m}$$

其中：h——支架立杆的步距，本工程模板支架立杆步距 1.2m；

a——模板支架立杆伸出顶层横向水平杆中心线至模板支撑点的长度。

回转半径：

$$i = \sqrt{\frac{I}{A}} = 15.78(\text{mm})$$

长细比：

$$\lambda = \frac{L}{i} = \frac{800}{15.78} = 50.7$$

查《建筑施工计算手册》附表 5-18 知,Q235 钢轴心受压构件的稳定系数:$\alpha = 0.829$,此立杆最大承载力:

$f = N/\alpha A = 29160/(0.829 \times 489) = 71.93(\mathrm{N/mm^2}) < 205\mathrm{N/mm^2}$,可见立杆支撑安全。

3.3.4 施工注意事项

(1)确保脚手架具有稳定的结构和足够的承载力,构造应符合有关规定要求。

(2)认真处理脚手架地基,确保地基有足够的承载力。

(3)搭设脚手架时及时设置联墙杆、斜撑杆、剪刀撑以及必要的缆绳和吊索,避免在搭设过程中发生偏斜和倾倒。

(4)撑板拆模时,不得使用腐烂、翘裂、暗伤的木质脚手板,亦不得使用 5cm × 10cm 的木条线薄板作立人板。

(5)不准在支架通道上堆放大量模板等材料。

(6)支撑模板时,木工应保管好随身带的工具,如中途停歇就将搭头及支撑钉牢,拆模间歇时应将已活动的模板、牵杠、支撑等运到安全的地方。

(7)高空作业时材料堆放应稳妥、可靠,使用时工具随时装入袋内,防止坠落伤人,严禁向高空操作人员抛送工具、物件。

3.4 中立柱快速定位施工控制技术

中立柱定位是盖挖逆作法施工的重要环节,中立柱作为盖挖体系中的主要受力构件,精确地定位是其施工的重难点。因此合理地选择施工方法,确保中立柱定位的精确度,对工程质量、进度、经济等方面具有非常重要的意义。

项目工程技术人员结合以往类似工程施工经验,大胆创新,采用“后插法”施工工艺。即旋挖钻成孔、下放钢筋笼、浇筑混凝土、安装定位架、下放十字型钢柱。在下放十字型钢柱过程中,通过定位架“短臂矫正长臂”的原理,从而达到精确定位的效果。

3.4.1 钢构柱吊装

1)钢构柱自重及重心计算

钢柱最大截面尺寸 800mm × 1500mm,最大长度 37.85m;工具节截面尺寸 800mm × 1500mm,长度为 6.75m;这里取最长截面最重钢构柱作为吊装验算对象。钢构柱断面见图 3-7。工具节断面见图 3-8。

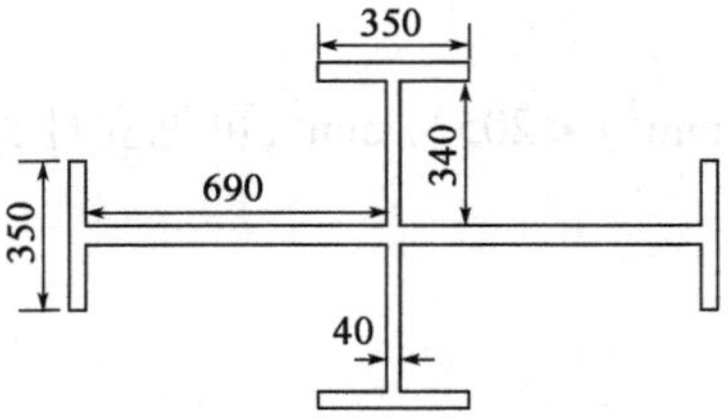

图 3-7　钢构柱断面图(尺寸单位:mm)

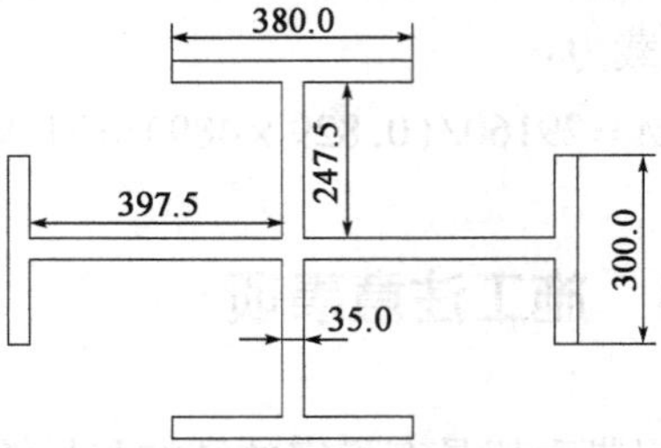

图 3-8　工具节断面图(尺寸单位:mm)

由图可计算这两种断面型钢每延米重量分别为:

$G_1 = [(1.5 - 0.04 \times 2) \times 0.04 + (0.8 - 0.04 \times 2) \times 0.04 - 0.04 \times 0.04 + 0.35 \times 0.04 \times 4)] \times 7850/1000 = 1.099(t/m)$

$G_2 = [(0.9 - 0.035 \times 2) \times 0.035 + (0.6 - 0.035 \times 2) \times 0.035 - 0.035 \times 0.035 + 0.35 \times 0.035 \times 2 + 0.38 \times 0.035 \times 2)] \times 7850/1000 = 0.765(t/m)$

则最长钢构柱连带工具节重量为:

$$1.099 \times 37.85 + 0.765 \times 6.75 = 46.76(t)$$

钢构柱重心:设钢构柱低端有一点 A 为支点,根据力矩平衡原理,则钢构柱重心距离柱低端距离为:

$$L = [37.85/2 \times 41.6 + (37.85 + 6.75/2) \times 5.164]/46.76 = 21.39(m)$$

2)钢构柱吊装方法

钢构柱吊装选用一台 250t 履带吊,在拼装平台旁起吊;提离地面 0.5m,行走至目标桩位;将钢构柱上提超过定位架顶,摆动大臂至定位架中心,下放钢构柱;下放至设定位置时,固定钢构柱,将吊点换至柱顶继续下放至设计高程。

单机起吊具体操作:将起吊吊点设置在钢构柱顶牛腿位置,沿钢构柱短边方向设置 2 个吊点,两吊点对称设置且在同一高度处;吊车设置 2 根钢丝绳,一边垂直提升,一边靠近钢构柱;钢构柱一端支地,一端缓慢升起,直至将整根钢构柱处于垂直状态,调整吊车角度,提离地面,吊装步骤如图 3-9 所示。

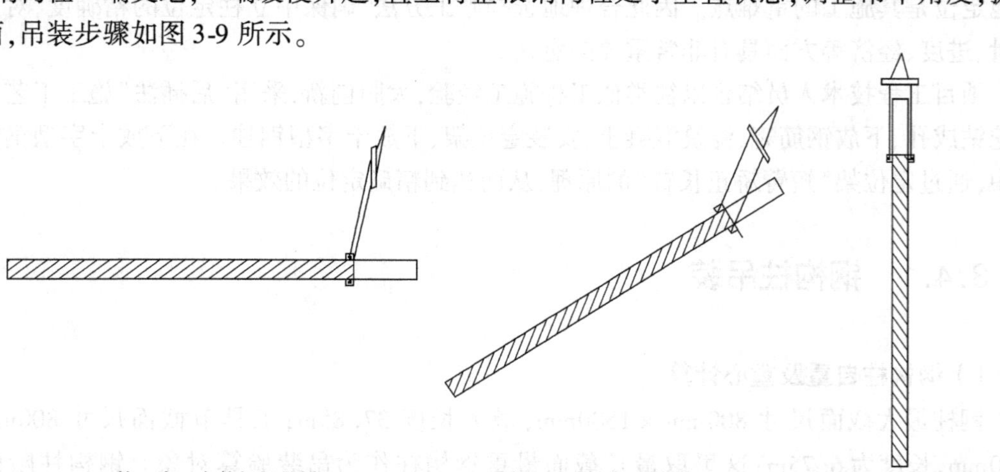

a)第一步:安装好钢丝绳　b)第二步:上提钢构柱　c)第三步:钢构柱竖直

图 3-9　钢构柱吊装示意图

3）中立柱型钢吊点设置

钢构柱采用单机起吊，设置两个平行吊点。为减小起吊过程中的钢构柱变形，吊点沿钢构柱截面短边方向平行设置，整根钢构柱的中心在距离柱底 21.39m 处，吊点应设置距离柱低端距离大于重心到柱端距离，为操作方便，将吊点设置在柱顶端牛腿位置，距离柱底端 37.85m，如图 3-10 所示。

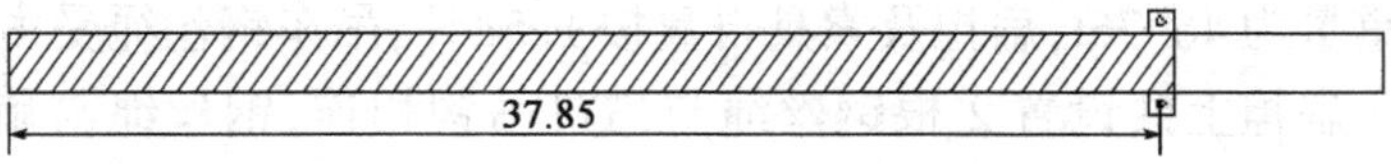

图 3-10　中立柱型钢吊装设置示意图（尺寸单位：m）

4）履带吊确定

（1）吊机臂长确定

在此取吊车需求最大起吊高度时的臂长，吊车在将钢构柱提升超过定位架顶时为最大起吊高度；设最大起吊高度为 H，钢构柱顶至扁担高度 $h_1 = 1.5\text{m}$，吊钩高度 $h_2 = 2.03\text{m}$，扁担至吊钩高度 $h_3 = 0.9\text{m}$，钢构柱及工具节长度 $h_4 = 37.85 + 6.75 = 44.6(\text{m})$，定位架高度 $h_5 = 6.4\text{m}$。

则 $H = 1.5 + 2.03 + 0.9 + 44.6 + 6.4 = 55.43(\text{m})$。

根据表 3-3“QUY250 型起重臂主臂工况荷载表”选取臂长为 58.5m，旋转半径 14m，仰角 76°～78.16°，则取仰角为 78.16°时，吊装高度为 sin78.16° = 57.25m > 55.43m；所以臂长取 58.5m 时，满足起吊高度要求。

（2）吊机吊装重量验算

根据表 3-2 可知：臂长 58.5m，旋转半径 14m，仰角为 76°时，最大起重量 69.4t > 46.76t，满足起重量要求。

QUY250 型起重臂主臂工况荷载表　　表 3-2

幅度（m）	主臂长（m）							
	52.5		55.5		58.5		61.5	
10	100.5	100.5	89.4	89.4	84.5			
12	85.1	85.1	83.1	83.1	81.2	81.2	81.5	81.5
14	72.5	72.5	70.9	70.9	69.4	69.4	67.9	67.9
16	62.8	65.5	61.4	64.1	60.2	60.2	59	59.0
18	55.1	57.6	54.0	56.4	53.0	55.4	51.8	54.2
20	48.9	51.2	47.9	50.1	47.0	49.2	46.0	48.2
22	43.8	45.8	42.8	44.9	42.1	44.1	41.2	43.2
24	38.9	40.7	38.6	40.4	37.9	39.8	37.1	38.9
26	34.7	36.4	34.4	36.0	34.2	35.8	33.6	35.3
28	31.2	32.7	30.8	32.4	30.6	32.2	30.3	31.8
30	28.1	29.6	27.8	29.2	27.6	29.0	27.3	28.7
32	25.5	26.9	25.2	26.5	25.0	26.3	24.7	26.0
配重（t）	85.2	85.2 + 5.8	85.2	85.2 + 5.8	85.2	85.2 + 5.8	85.2	85.2 + 5.8

(3)履带吊行走时重量验算

根据机械性能,吊车行走时起重量为静止时的70%,行走时取旋转半径12m,仰角78.16°,最大起重量为81.2t,因81.2×70%=56.84(t)>46.76t,所以满足履带吊行走时起重量要求。

5)吊装钢丝绳确定

(1)吊车扁担上挂钩下钢丝绳确定

钢构柱最大重量为46.76t,扁担及索具自重按1.5t计,吊车钢丝绳受力按钢构柱完全被主吊吊起时确定。扁担上共设置2根钢丝绳与吊机吊钩相连,钢丝绳与扁担夹角为arctan(0.9/0.5)=61°,则单根钢丝绳最大受力为:

$$F=\frac{\frac{46.76+1.5}{2}}{\sin61°}=27.533(\text{t})=275.33\text{kN}$$

钢丝绳采用6×37+1,根据经验结合《起重吊装常用数据手册》,钢丝绳采用1根直径65mm规格的,其额定拉力$T=486\text{kN}>281.6\text{kN}$,满足要求。

(2)扁担下挂钢丝绳确定

扁担下钢丝绳同样在钢构柱被主吊完全吊起时,受力最大;由于扁担上2根钢丝绳距离为1.2m,而钢构柱两吊点间距离为0.8m,所以起吊时钢丝绳与钢构柱侧面距离为0.2m,所以钢丝绳与扁担夹角为arctan(8.25/0.2)=88.6°,其最大受力为:

$$F=\frac{\frac{46.76\text{t}}{2}}{\sin88.6°}=233.9\text{kN}$$

钢丝床采用2根6×37+1,直径60.5mm,其额定拉力:$T=402\text{kN}>233.9\text{kN}$,满足要求。

钢丝绳数据见表3-3。

钢丝绳数据 表3-3

直径		钢丝绳的抗拉强度(MPa)				
钢丝绳(mm)	钢丝(mm)	1400	1550	1700	1850	2000
		钢丝破断拉力总和(kN)				
13.0	0.6	87.80	97.20	106.50	116.00	125.00
15.0	0.7	119.50	132.00	145.00	157.50	170.50
17.5	0.8	156.00	172.50	189.50	206.00	223.00
19.5	0.9	197.50	218.50	239.50	261.00	282.00
21.5	1.0	243.50	270.00	296.00	322.00	348.50
24.0	1.1	295.00	326.50	358.00	390.00	421.50
26.0	1.2	351.00	388.50	426.50	464.00	501.50
28.0	1.3	412.00	456.50	500.50	544.50	589.00
30.0	1.4	478.00	529.00	580.50	631.50	683.00
32.5	1.5	548.50	607.50	666.50	725.00	784.00
34.5	1.6	624.50	691.50	758.00	825.00	892.00
36.5	1.7	705.00	780.50	856.00	931.50	1005.00
39.0	1.8	790.00	875.00	959.50	1040.00	1125.00

续上表

直径		钢丝绳的抗拉强度(MPa)				
钢丝绳(mm)	钢丝(mm)	1400	1550	1700	1850	2000
		钢丝破断拉力总和(kN)				
43.0	2.0	975.50	1080.00	1185.00	1285.00	1390.00
47.5	2.2	1180.00	1305.00	1430.00	1560.00	—
52.0	2.4	1405.00	1555.00	1705.00	1855.00	—
56.0	2.6	1645.00	1825.00	2000.00	2175.00	—
65	3.0	1474.3	2430.0	2665.0	2900.0	—

3.4.2 吊装验算

1）钢丝绳强度验算

(1)扁担上挂钩下钢丝绳验算

钢丝绳采用1根直径 $D=65\text{mm}$,公称抗拉强度为 1700N/mm^2,其钢丝破断拉力总和为 $F_g=2665\text{kN}$,安全系数 K 取6,荷载动力系数 α 取1.3;

则单根钢丝绳容许用拉力:

$$[F_g]=\frac{F_g}{K\cdot\alpha}=\frac{2665}{6\times1.3}=341.67(\text{kN})$$

钢丝绳在钢构柱竖立起来时受力最大,其最大吊重为:

$$G=N_{索具}+Q_{吊重}=1.5+46.76=48.26(\text{t})$$

单根钢丝绳受力:

$P=\dfrac{\dfrac{48.26\times10}{2}}{\sin61°}=275.88(\text{kN})<341.67\text{kN}$,满足要求,故扁担上挂钩下钢丝绳采用1根直径65mm的钢丝绳。

(2)扁担下挂钢丝绳验算

扁担下钢丝绳采用直径 $D=60.5\text{mm}$,公称抗拉强度为 1700N/m^2,其钢丝破断拉力总和为 $F_g=2320\text{kN}$,安全系数 K 取6,荷载动力系数 α 取1.3;

则单根钢丝绳容许用拉力:

$$[F_g]=\frac{F_g}{K\cdot\alpha}=\frac{2320}{6\times1.3}=297.43(\text{kN})$$

钢丝绳在钢构柱竖立起来时受力最大,其最大吊重为:

$$G=46.76\text{t}$$

单根钢丝绳受力:$P=46.76\times10/\sin88.6°/2=233.86(\text{kN})<297.43\text{kN}$,满足要求。

故扁担下钢丝绳采用2根直径60.5mm的钢丝绳。

2）起吊扁担验算

本工程起吊扁担采用Q235、80mm厚钢板自制,钢板上开 $D=200\text{mm}$ 孔作为吊装孔,起

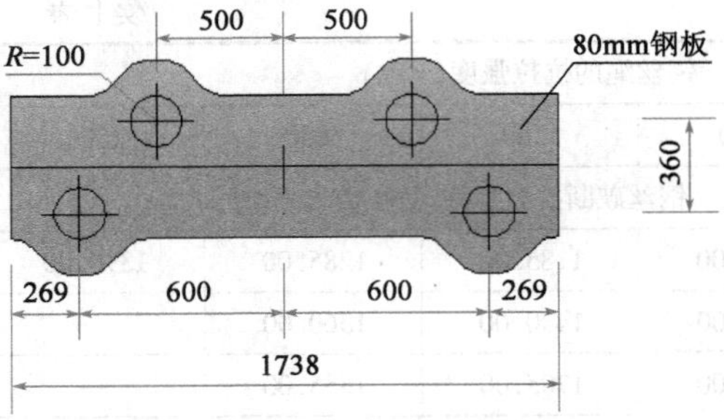

图 3-11　起吊扁担结构示意图(尺寸单位:mm)

吊扁担结构大样见图 3-11。

起吊扁担吊耳的选用及验算:

(1)吊耳采用 Q235,厚度 80mm 的钢板。

(2)Q235 钢材的孔壁抗拉应力 $[\sigma_\kappa] = 140\text{N/mm}^2$。

(3)吊耳壁实际拉应力 σ_κ 计算:

$$\sigma_\kappa = \sigma_{cj} \times \frac{\dfrac{R^2 + r^2}{R^2 - r^2}}{S}$$,应满足不大于 $0.8[\sigma_\kappa]$ 的要求。

其中:σ_{cj}——局部紧接承压应力,本工程取扁担上钢丝绳拉力 $P = 275.88\text{kN}$;

σ_κ——吊耳的孔壁拉应力;

S——单个吊点承压面积,本工程取钢丝绳直径×钢板厚度;

R——吊耳的半径;

r——吊耳内轴的半径。

所以吊耳孔壁实际拉应力:

$$\sigma_\kappa = 275.88 \times 1000 \times \frac{\dfrac{300^2 + 100^2}{300^2 - 100^2}}{52 \times 2 \times 50} = 66.32(\text{N/mm}^2) < 0.8[\sigma_\kappa] = 112\text{N/mm}^2$$

所选用钢材及吊耳满足要求。

起吊扁担挂钩孔上边缘强度验算:

计算荷载取构件自重设计值乘以 1.5 的动力系数,按下列公式计算:

$$\sqrt{\sigma^2 + 3\tau^2} \leqslant [f]$$

其中:σ——扁担横截面受拉边缘的正应力(N/m^2);

τ——扁担截面的剪应力(N/m^2);

$[f]$——钢材抗拉强度设计值,Q235 钢取 140N/mm^2。

$$\sigma = \frac{w}{A} = \frac{275.88 \times 1000 \times \sin 61°}{360 \times 80} = 8.38(\text{N/mm}^2)$$

$$\tau = \frac{W_S}{A} = \frac{275.88 \times 1000 \times \sin 61° - 116.9 \times 1000}{360 \times 80} = 4.32(\text{N/mm}^2)$$

$\sqrt{\sigma^2 + 3\tau^2} = 11.23\text{N/mm}^2 < 140\text{N/mm}^2$,满足要求。

3)钢构柱起吊时挠度验算

本工程钢构柱采用单机单点起吊,一端支地,另一端上提;挠度以整条钢构柱加工具节长度验算,此时挠度最大(图 3-12)。

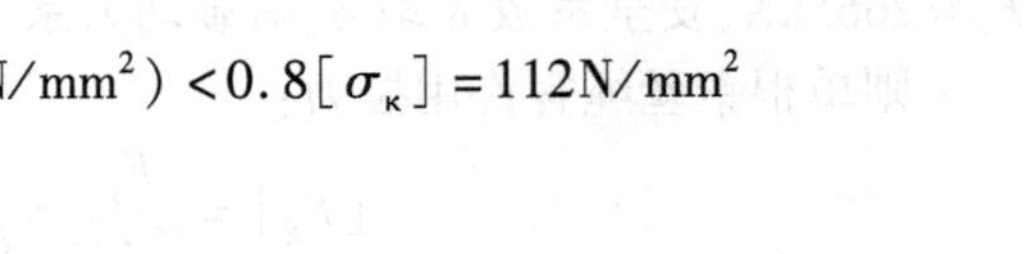

图 3-12　钢构柱起吊时挠度验算

$q = 1.099 \times 9.8 = 10.77(\text{kN/m})$

十字型钢 $E = 206000\text{N/mm}^2$,代入惯性矩公式,求得:$I = 6.0213 \times 10\text{m}^{-4}$。

最大挠度代入公式,得:$W_{max} = 4.5\text{mm} < \dfrac{L}{1000} = 44.6\text{mm}$。

4）吊耳设计与验算

本工程吊装采用临时板式吊耳，吊耳材质为 Q345C，板厚为 40mm，板孔局部采用 24mm 双面加强板补强，临时板式吊耳与钢构柱连接采用双坡口全溶透焊接，坡口角度为 50°，按单个临时板式吊耳能承受 240kN 荷载进行受力验算，板式吊耳大样图如图 3-13 所示。

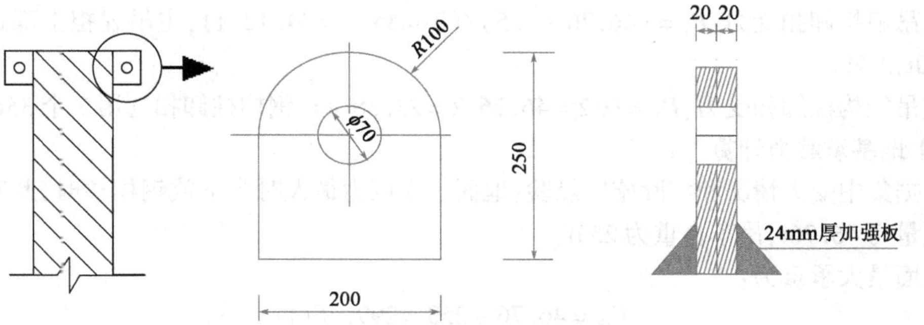

图 3-13　吊耳设计大样图（尺寸单位：mm）

（1）单个吊耳板孔强度验算。

①吊耳采用 Q345C，厚度 40mm 的钢板。

②Q345C 钢材的孔壁抗拉应力 $[\sigma_{\kappa}]=490\sim675\text{N/mm}^2$。

③吊耳壁实际拉应力 σ_{κ} 计算：

$$\sigma_{\kappa}=\frac{\dfrac{\sigma_{cj}\cdot(R^2+r^2)}{R^2-r^2}}{S}$$，应满足不大于 $0.8[\sigma_{\kappa}]$ 的要求。

其中：σ_{cj}——局部紧接承压应力，本工程取钢丝绳拉力 $P=233.86\text{kN}$（吊绳选用）；

σ_{κ}——吊耳的孔壁拉应力；

S——单个吊点承压面积，本工程取钢丝绳直径 × 钢板厚度；

R——吊耳的半径；

r——吊耳内轴的半径。

所以吊耳孔壁实际拉应力：

$$\sigma_{\kappa}=233.86\times1000\times\frac{\dfrac{100^2+35^2}{100^2-35^2}}{40\times56}=133.43(\text{N/mm}^2)<0.8[\sigma_{\kappa}]=392\text{N/mm}^2$$

所选用钢材及吊耳满足要求。

（2）单个吊耳板焊缝强度验算

当吊耳受拉伸作用，吊耳板采用双面坡口满焊时，可按对接焊缝校核，即：

$$\sigma_f=\frac{kP}{0.7(L-2\delta)\cdot\delta}\leqslant f_f^w$$

式中：σ_f——垂直于焊缝方向的应力（MPa）；

k——动载系数，$k=1.4$；

L——焊缝长度（mm）；

δ——吊耳板焊接处母材板厚（mm）；

f_f^w——角焊缝的强度设计值（N/mm^2）；

则：

$$\sigma_f = \frac{1.4 \times 467000/2}{0.7 \times 40 \times (200 - 2 \times 40)} = 97.29(\text{MPa}) < f_f^w = 200\text{MPa}$$，吊耳焊缝满足要求。

5）卸扣验算

卸扣的选择按吊车钢丝绳最大受力选择，卸扣最大受力发生在钢构柱完全竖起时。

主吊扁担卸扣受力：$P_1 = (46.76 + 1.5)/(2\sin 45°) = 34.12(\text{t})$，主吊扁担上部选用高强卸扣 50t，2 只。

主吊钢构柱卸扣受力：$P_2 = Q/2 = 46.76/2 = 23.38(\text{t})$，钢构柱卸扣选用 2 个 35t 卸扣。

6）地基承载力计算

根据集中受力情况和实际施工经验，地面承受压力最大时为下放钢构柱时，此时最大钢构柱重量为 46.76t，吊车自重为 253t。

地面最大承重为：

$$F_{合} = 46.76 + 253 = 299.76(\text{t})$$

单履带受力面积为：

$$S = 8.06 \times 1.2 = 9.672(\text{m}^2)$$

由于地面进行 200mm 厚混凝土硬化，不均匀系数按照 1.5 计算，则单位地基负荷为：

$$q = F_{合}/2S_1 = 299.76\text{t} \times 1000\text{kg/t} \times 9.8\text{N/kg}/(2 \times 9.672\text{m}^2) \times 1.5 = 146.49\text{kPa}$$

施工场地吊车行走范围内场地地基为粉质黏土，重度 18.5kN/m，地基承载力 160kPa，地基承载力满足要求。对于重新硬化桩位吊车要行走的部位做铺设钢板处理。

3.4.3 定位架精确就位

采用定位架就位十字型钢柱的施工原理，就是用短定尺桥正常定尺的方法。因此通过定位架上、下两个工作平台的卡板，对十字型钢柱按照两点成直线的原理进行定位，从而达到整个十字型钢柱上下在一条垂直线上，保证其垂直度。而定位架与桩孔中心以及 X、Y 重合时决定十字型钢柱在水平面的位置关系，因而定位架准确就位决定十字型钢柱精确程度的高低。

安装时：

(1)场地硬化：桩孔外 4×10m 场地用 C20 混凝土进行硬化。

图 3-14　测量定位(一)

(2)孔桩标线：将桩孔的 X、Y 轴线放出来。

(3)固定架定位：将固定架中心与桩孔中心重合，其对角线与桩孔的 X、Y 重合并固定。

(4)定位架吊装就位：吊装固定架的使其定位架中心与孔装中心重合。

(5)测量、定位：用两台经纬仪呈 90°进行交叉测量，通过定位架四个固定腿(360°方向旋转)进行调节，用 10T 液压千斤顶在平面 X、Y 方向上，精确地将定位架中心与桩孔中心重合，定位架的 X、Y 轴线与桩孔的 X、Y 轴线重合。偏差值 ±1mm。如图 3-14 ~ 图 3-16 所示。

(6)定位架调平：通过液压千斤顶在定位架四个角进

行调平,并旋紧调平千斤螺栓。

(7)定位架固定:用膨胀螺栓将定位架四个固定脚进行固定。

图 3-15 测量定位(二)

图 3-16 测量定位(三)

3.4.4 工具节连接

由于十字型钢柱顶端距离地面较高,为了有效地使用重复使用工具节,工具节采用两节。上节采用标准工具节长 7m,上端有吊装孔,调节长孔;下节长度根据十字型钢柱距离地面高程不同综合取值。

工具节与工具节与十字型钢柱连接采用高强度螺栓 M42 连接。连接时注意采用水平尺调平。第二节工具节与十字型钢柱采用加长高强度螺栓连接,其螺栓长度高出地面,便于在地面操作拆除。

根据入孔深度,在十字型钢柱工具节上用红漆标出就位高程。

3.4.5 十字型钢柱精确定位及纠偏

(1)将通过调整螺栓将定位架限位板打开到最大位置。

(2)特别注意十字型钢柱与定位架不能发生碰撞。

(3)十字型钢柱刚插入桩孔前,安装地脚螺栓,将限位板适当缩小,避免十字型钢柱在下放过程中与桩孔钢筋笼擦碰,引起坍塌。

(4)十字型钢柱深度还有 500mm 到位,通过调整螺栓用限位板对十字型钢柱进行位置调节,原则是先调整定位架上部限位板,后调整下部限位板。注意限位板刻度线不能超过定位架上刻度线。

(5)慢放余下十字型钢柱长度,通过调整螺栓用限位板反复调整使十字型钢柱位于定位架的中心,并固定限位。

(6)用 ϕ70mm 圆钢插入工具节上部,用调整垫块调整高度,固定十字型钢柱上下高度。

(7)技术员对定位进行测量,并进行检查和复核。

(8)十字柱下端工具节与定位架的定位槽钢进行连接固定。

(9)松开吊车钢丝绳,完成定位。

(10)用吊车吊住工具节,将螺栓松开,取出螺栓拆除第一节工具节重复利用,移开定位架。

具体如图 3-17 ~ 图 3-22 所示。

图 3-17　十字型钢柱吊装

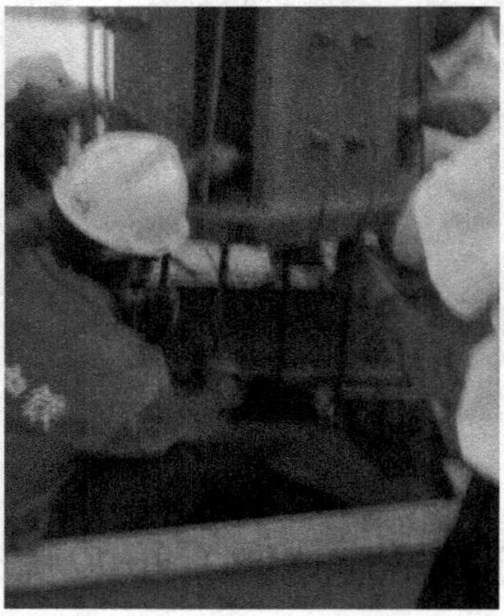

图 3-18　安装十字型钢柱地脚螺栓

图 3-19　十字型钢柱定位

图 3-20　十字型钢柱下部精确定位

3.4.6　十字型钢柱保护回填

中立柱混凝土灌注完成 12h 后进行回填(图 3-19)。

(1)人工用砂对十字型钢柱与桩孔四周进行保护性回填。

(2)在地面对加长高强度螺栓拆除第二节工具节及固定架。

(3)人工用砂石回填桩孔,如图 3-23 所示。

图 3-21 十字型钢柱上部精确定位

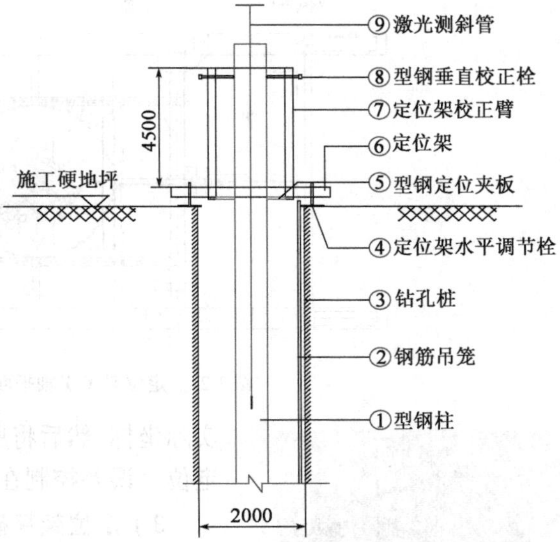

图 3-22 十字型钢柱垂直度校正图(尺寸单位:mm)

图 3-23 十字型钢柱空桩回填保护

3.4.7 十字型钢柱垂直度检测措施及校正措施

1)准备工作

首先定位架调平,将十字型钢柱卡孔调至设计尺寸,X、Y 轴(设计图横轴、纵轴)在定位架第一层平台上标出(图 3-24),然后将第二层平台十字型钢柱的卡孔与第一层垂线方向重合。上下允许误差 $H/1000$(mm)。

2)定位架初步定位

根据定位架卡孔设计坐标与定位架四个支脚(图 3-25)的位置关系,计算出四个支脚的

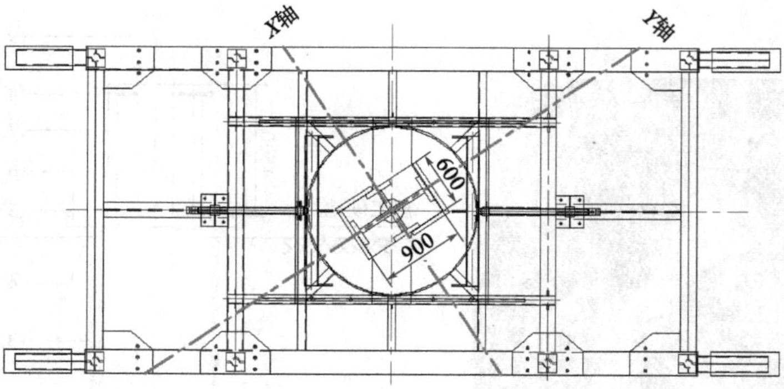

图 3-24　定位架 X、Y 轴平面图(尺寸单位:mm)

图 3-25　定位架实图

实际坐标,然后将所计算的坐标在地面放出,定位架吊装初步定位。误差控制在 2cm 之内,便于定位架微调。

3)定位架精确调整

定位架初步定位后,进行操作平台面调平。将设计 X、Y 轴线各放两个控制点,分别在定位架两侧地面上(图 3-26,1 ~ 4 号点)。两台全站仪分别架在地面 X、Y 轴线任意一个点上,视线竖丝分别对准对面轴线点,水平角度固定,然后进行微调,先将定位架 X 轴或 Y 轴调至与相对应仪器视线竖丝重合,再沿调好的轴线方向将另一轴重合,检查平台是否水平。反复调整,直到定位架水平状态下轴线与设计轴线重合,定位架固定。

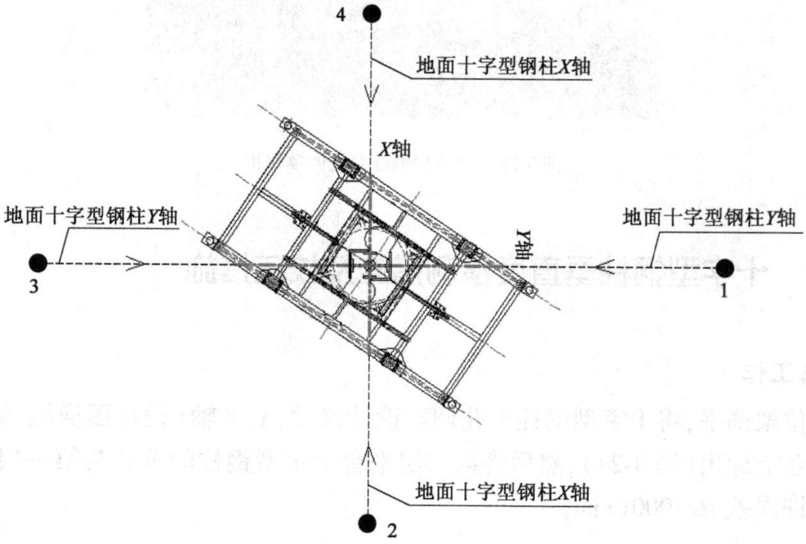

图 3-26　定位架轴线调整

4）型钢柱吊装控制

十字型钢柱下放过程中分别通过两台仪器视线竖丝控制十字型钢柱的 X、Y 轴偏移，每下放 5m 进行调整一次，型钢柱下放过程中尽量保持轴线偏移量不大于 3cm，以便卡板纠偏。型钢柱下至工具节上所标记的绝对高程处，上下卡板同时卡住型钢柱进行调整。检查工具节 X、Y 轴上下在应许偏差内。固定工具节浇筑混凝土，浇筑完成后再次进行轴线检查。如图 3-27 所示。

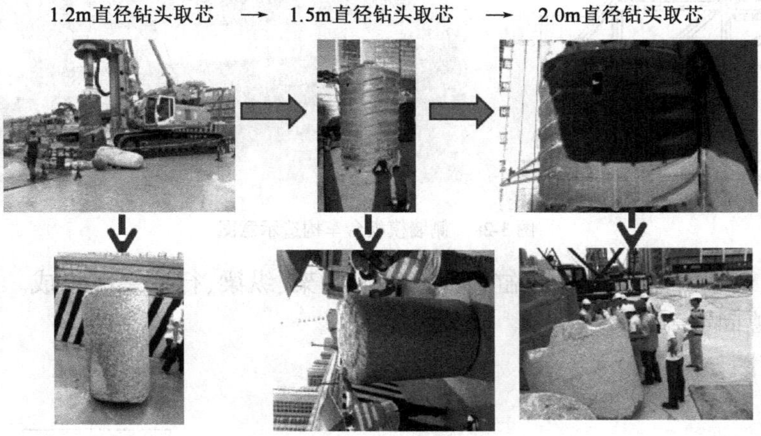

图 3-27　旋控钻取芯图

3.5 自行式移动模板台车技术应用

采用盖挖逆作法施工的车站主体结构侧墙施工一般都采用钢管支架或碗扣式支架 + 竹胶板的支架模板系统施工，整个施工过程耗时较长、加固烦琐、占用空间较大、料易损耗，逐渐满足不了工期需求，而模板台车则能在一定程度上克服模板支架体系给施工带来的困扰。为加快施工进度，对模板台车在地铁车站主体结构侧墙施工技术应用进行研究（图 3-28）。

3.5.1　侧墙模板台车组成

以 7 号线和 9 号线负一层侧墙模板施工为例：

侧墙模板台车由厂家生产、现场拼装而成，运输到施工现场组装。模板台车自板面上 1.2m位置间隔 5m 错开布置 300mm × 300mm 的浇筑孔，作为侧墙混凝土浇筑的进料口；在中、底板施工时需预埋螺栓，在侧墙施工时起到固定滑行钢轨的作用。

图 3-28　侧墙模板台车构造示意图

侧墙模板台车由面板、支撑油缸、支撑千斤、门架、纵梁、行走系统组成。面板上设有混凝土浇筑孔、捣固窗等。

台车剖面图如图 3-29 所示。

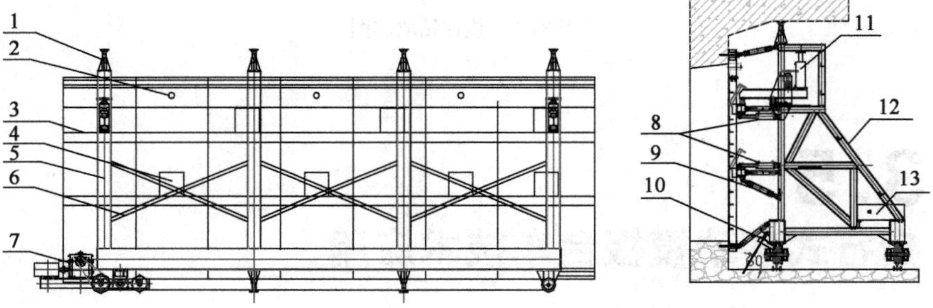

图 3-29　板台车剖面图

1-支撑千斤；2-进料口；3-门架横梁；4-振捣窗口；5-门架纵梁；6-门架剪刀撑；7-行走系统；8-面板伸缩油缸；9-加固丝杠；10-底脚拉杆；11-面板上下调位油缸；12-门架桁架；13-混凝土配重块

3.5.2　侧墙模板台车施工及技术控制要点

1）施工工艺

侧墙模板台车施工工艺流程：施工前准备工作→测量放线→轨道铺设→台车移动→台车面板处理、涂脱模剂→台车就位→尺寸检查→支承丝杆千斤锁定→堵头模安装→混凝土浇筑→脱模→养护。

2）施工前准备及技术控制要点

(1)侧墙上下施工缝已经凿毛完成，止水钢板已调直，注浆管已按要求埋设，杂物已清理干净。

(2)侧墙防水、钢筋施工完成并进行隐蔽验收。

(3)侧墙模板台车施工通过现场质检工程师验收合格。

(4)轨道铺设。根据测量组施放的轨道控制点安装轨道,轨道安装要求垂直,轨距允许偏差不大于±5mm,轨面高差允许偏差不大于±5mm。

(5)台车移动。轨道安装完成后,模板台车试移位,保证行走时平稳、无明显晃动。

(6)台车板面处理。每次使用前,必须用靠尺对模板板面平整度进行检查,模板相邻拼缝错台不得大于2mm,对平整度达不到要求的模板进行更换或者调整处理,板面必须使用手持打磨机打磨并涂刷好脱模剂。

(7)台车就位。轨道试运行正常、模板面处理干净后,将台车移动至准备施工的侧墙位置,通过竖向及水平调整液压油缸进而调整面板高度,确保模板上下边缘与预留矮边墙搭接,搭接长度应符合设计要求,即不小于10cm,然后水平缓慢顶进液压油缸使模板与侧墙混凝土面密贴,拼缝误差不大于5mm。

(8)垂直度检查。台车就位后由值班技术员对模板垂直度进行检查,要求模板垂直误差不大于3mm。检查时在顶板底面腋角位置纵向选3个点分别吊线锤,由上往下每1m位置使用卷尺量取模板内边到吊线间的距离,以此控制模板的垂直度。

(9)台车固定。尺寸检查无误后进行台车固定,先固定好上、中、下三层千斤顶,再通过双面焊接接长台车底部中板预埋的台车固定钢筋至台车下部双拼槽钢位置,钢筋端头车丝,并通过预制的卡板及螺母将钢筋与台车紧密相连,固定台车,加固钢筋大样及加固示意分别如图3-30、图3-31所示。

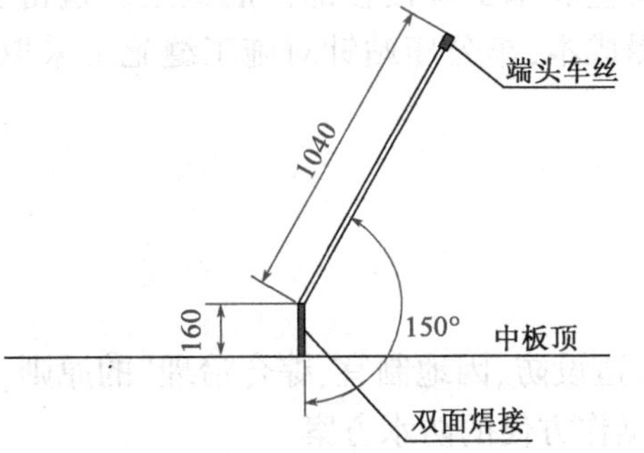

图3-30　加固钢筋大样图(尺寸单位:mm)

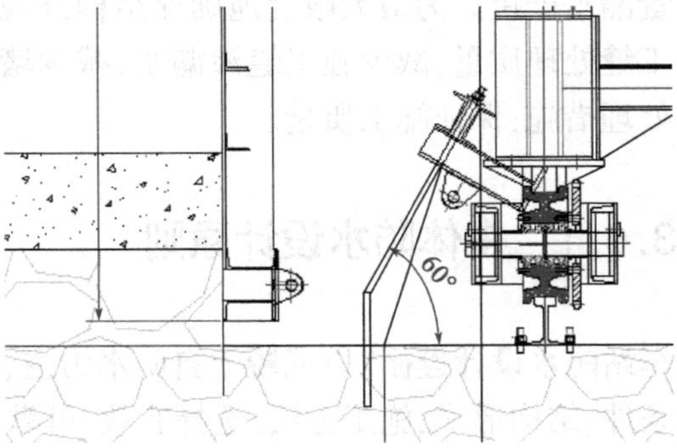

图3-31　加固示意图

(10)堵头模及施工缝止水措施安装。每个施工段端头(即施工缝)须安装堵头模板,同时埋设注浆管、安装竖向止水带。注浆管与钢板橡胶腻子止水带与顶板侧墙、中板侧墙、底板侧墙预留止水带10cm有效搭接,形成封闭的环形止水圈。

(11)混凝土浇筑及浇筑速率。完成上述工序后报质检工程师验收,合格后浇筑混凝土。

由于侧墙模板台车为新工艺,缺乏技术参数,将地下一层东侧墙B11段(长22m)、B10段(长20m)设为试验段,每模长11m(高3.65m)采用不同浇筑速率进行浇筑对比:第一模,按照一般混凝土浇筑速度30min/m浇筑,浇筑过程中模板局部微变形,拆模后对尺寸进行检测,发现模板台车与矮边墙接缝处出现明显错台,错台3~7mm,墙面垂直度为0.08%~

0.19%。第二模,结合第一模效果将浇筑速率减小,考虑到混凝土初凝时间,暂定混凝土以90min/m的速度浇筑,浇筑过程模板无异常,拆模后墙面局部产生明显冷缝,同时出现色差,表观质量较差,墙面与矮边墙接缝处无明显错台。第三模,结合第一模和第二模浇筑效果,将浇筑速率控制在60min/m,浇筑过程模板台车无异动,拆模后墙面表观质量良好,与矮边墙接缝处,无明显错台。

通过对不同浇筑速率效果对比,确定混凝土浇筑速率为每模(11m长)浇筑60min/m。

(12)侧墙混凝土脱模及模板移位。

待混凝土强度达2.5MPa后方可进行脱模,脱模后及时对模板表面附着的混凝土进行清理,涂刷脱模剂以备后用。模板台车与木模支架系统相比,脱模及移位过程施工时间明显缩短。

(13)混凝土养护的技术要求。

侧墙混凝土采用土工布洒水湿养护。养护应符合下列规定:混凝土终凝后12h内及时覆盖养护,养护时间不少于14d。

3.6 盖挖逆作车站施工缝防水施工

盖挖逆作法地铁车站由于施工缝位置设置不当,施工时对施工缝的处理不妥,导致施工缝位置漏水严重。为最大限度地确保结构外观质量和施工缝接茬部位混凝土浇筑密实,提高施工缝处理质量,减少施工缝渗漏水,减少堵漏成本,车公庙站针对施工缝施工采取了有效的处理措施,保证施工质量。

3.6.1 主体防水设计原则

车站防水设计遵循“以混凝土自防水为主、多道设防、因地制宜、综合治理”的原则,根据环境条件、结构形式、施工方法,选择有效、可靠、操作方便的防水方案。

侧墙采用水泥基渗透结晶型防水涂料。施工缝预埋注浆导管,同时采用钢边橡胶进行防水。变形缝采用中埋式钢板橡胶止水带进行防水。施工缝在结构防水中起着重要的作用。

3.6.2 施工缝施工

钢边止水带的安装在施工缝结构钢筋中间,采用钢筋固定,确保“居中、平顺、牢固”。固定时严禁有穿墙杆,止水带露出混凝土面一半止水带宽度,并在浇筑混凝土的过程中注意随时检查,防止钢板止水带移位。新混凝土浇筑前应对接触面进行凿毛处理,并喷涂水泥基渗透结晶型防水涂料。

1）结构施工缝施工

施工缝采用钢边橡胶止水带，表面采用喷涂水泥基渗透结晶型防水涂料，并在施工缝表面预埋可多次重复注浆的注浆管的方法加强防水。施工缝处浇筑混凝土时施工缝必须采用弱振，注意振动棒不得碰到止水构件，避免损害材料的密封性。其构造图如图 3-32 所示。

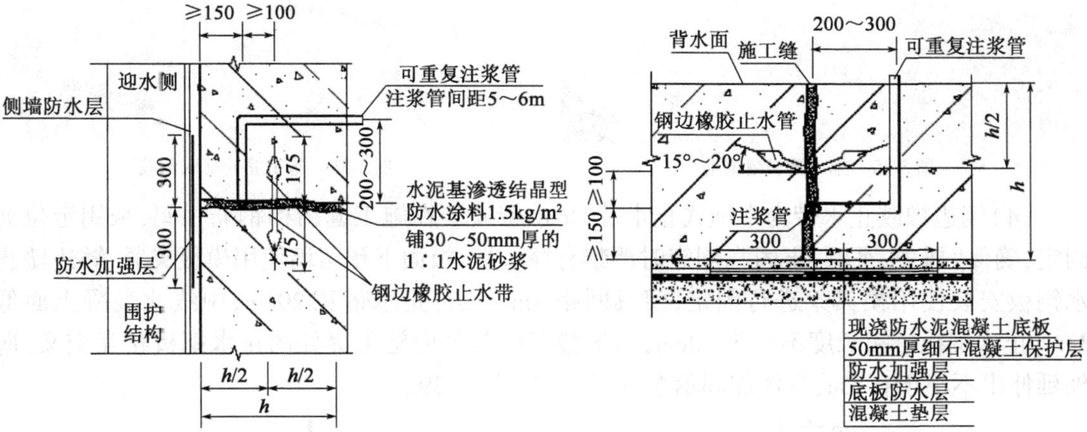

a）纵向施工缝防水示意图　　　　b）底板环向施工缝防水示意图

图 3-32　钢边橡胶腻子止水带大样图（尺寸单位：mm）

2）施工工艺

（1）施工缝应将表面浮浆和杂物清理干净后，铺水泥砂浆或混凝土界面处理剂，并及时浇筑混凝土。如图 3-33、图 3-34 所示。

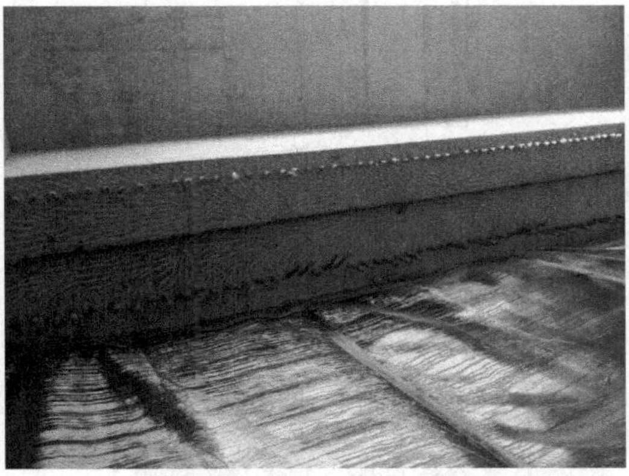

图 3-33　预留墙凿毛

图 3-34　矮边墙凿毛

（2）水平施工缝浇筑前，应将其表面浮浆和杂物清除，然后铺设水泥基渗透结晶型防水涂料，再铺 30～50mm 厚的 1∶1 水泥砂浆，并应及时浇筑混凝土；垂直施工缝浇筑混凝土前，应将其表面清理干净，再喷涂水泥基渗透结晶型防水涂料，并应及时浇筑混凝土。

（3）侧墙为了保证线形及减小漏浆，在关模前对矮边墙进行切缝凿毛（图 3-35），使用墨斗进行拉线，切缝高 5cm、厚 3cm，在混凝土面贴双面胶（图 3-36）。

图 3-35　施工缝切缝凿毛

图 3-36　施工缝处贴双面胶

(4)钢边橡胶止水带为中埋式止水带,止水带安装在施工缝结构钢筋中间,采用定位夹固定,确保“居中、平顺、牢固”,固定时严禁有穿墙杆,板面下预留墙使用模板夹紧,矮边墙止水钢板安装使用模具架进行固定,模具间距 1m 一道,止水带宽 20cm,中线比混凝土面低 3cm,止水钢板搭接长度不小于 10cm,水平施工缝与竖向施工缝处的止水钢板相互交叉,向外延伸出不小于 0.5m,具体加固示意见图 3-37 ~ 图 3-39。

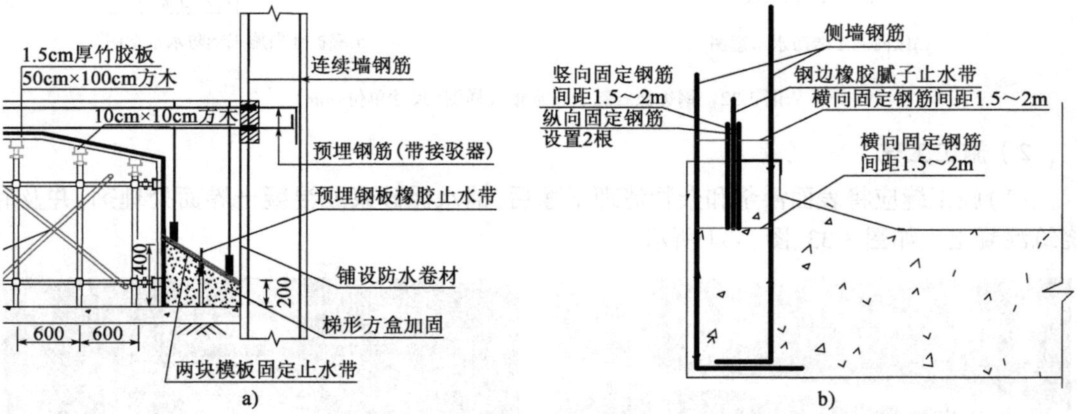

图 3-37　钢边止水带安装示意图(尺寸单位:mm)

图 3-38　板面预留墙止水钢板安装

图 3-39　矮边墙止水钢板安装

3）注浆管及注浆导管安装

(1)注浆管的安装长度每段不超过6m,并在两端安装注浆导管。注浆管必须与施工缝面密贴,任何部位不得悬空,注浆管采用塑料U形卡固定,U形卡间距1～1.5m。

(2)注浆导管与注浆管应连接牢固、严密,软管封套连接处距离混凝土面最小150mm,其末端安装塞子进行临时封闭。注浆导管埋入混凝土内的部分至少应有一处与结构钢筋绑扎牢固,出露长度不小于200mm,导管引出端应设置在易于注浆施工的位置。注浆管及注浆导管位置安装预埋图见图3-40～图3-42。

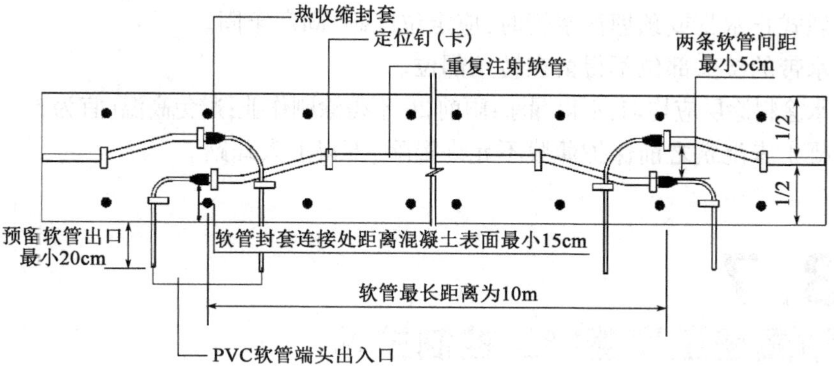

图3-40 注浆管安装及布置图

图3-41 预留注浆管

图3-42 施工缝预留注浆管

(3)注浆管及注浆导管安装完毕后,应对成品严加保护,在其附近绑扎或焊接钢筋作业时,应采用临时遮挡措施。

(4)振捣施工缝部位的混凝土时,应注意振捣棒不得接触止水带。

(5)止水带部位的混凝土必须振捣充分,保证止水带与混凝土咬合密实,这是止水带发挥止水作用的关键,应按要求安装到位。振捣时严禁振捣棒触及止水带。

3.6.3 施工注意事项

(1)允许偏差。变形缝设置的允许偏差见表3-4。

变形缝设置的允许偏差表　　表 3-4

序号	项　目	允许偏差(mm)	检 查 方 法
1	中线	15	尺量
2	缝宽	+8，-5	尺量
3	垂直度	$H/500$	经纬仪测量

(2)浇筑混凝土时,振动棒不得碰到止水构件,避免损坏材料的密封性。

(3)中埋式止水带或预埋注浆管时,应定位准确、固定牢固。

(4)止水带的接头部位不得留在转角部位。

(5)防水涂料涂层应均匀,不得漏涂;雨前2h不得涂刷作业;避免高温(宜为5~25℃)施工。

(6)混凝土未浇筑之前保护薄膜不允许揭除、不得上人踩踏。

3.7 附属通道顶管施工控制技术

3.7.1 顶管机组装

矩形顶管机由根据设计图纸制定尺寸,整机分为上下两部分运送至施工场地,采用履带吊进行现场拼装。

顶管机组装顺序:始发基座→后靠→主顶→顶管机。

由于顶管机分体设计,下井组装工艺流程如图 3-43 所示。顶管机实物图如图 3-44 所示。

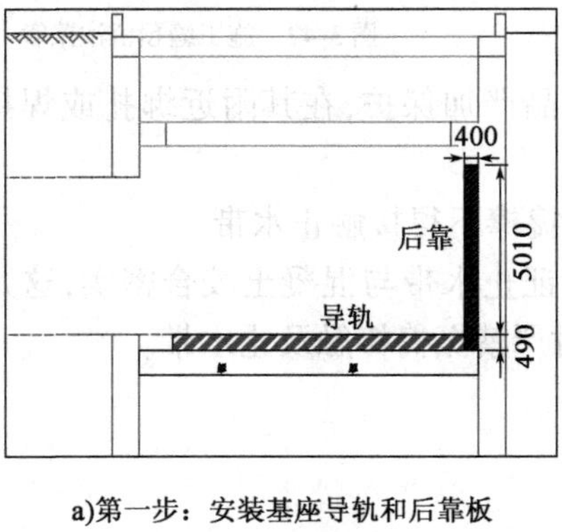

a)第一步:安装基座导轨和后靠板

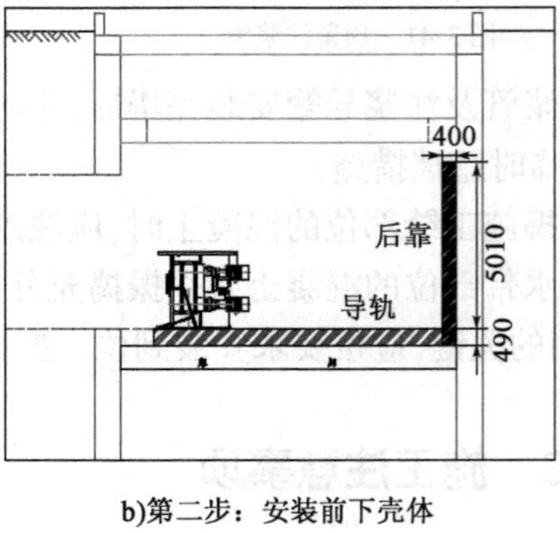

b)第二步:安装前下壳体

图　3-43

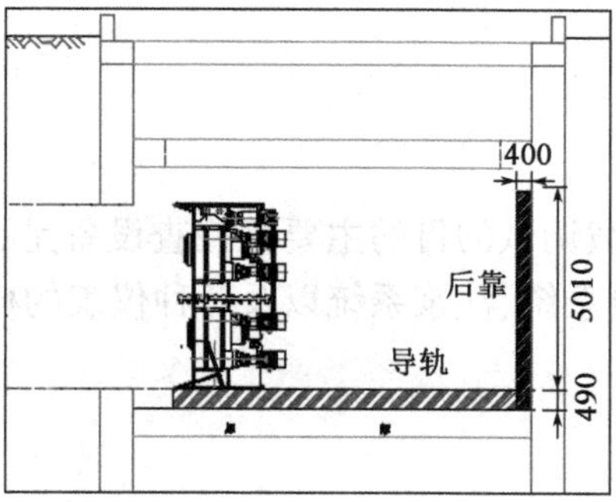

c)第三步：安装前上壳体

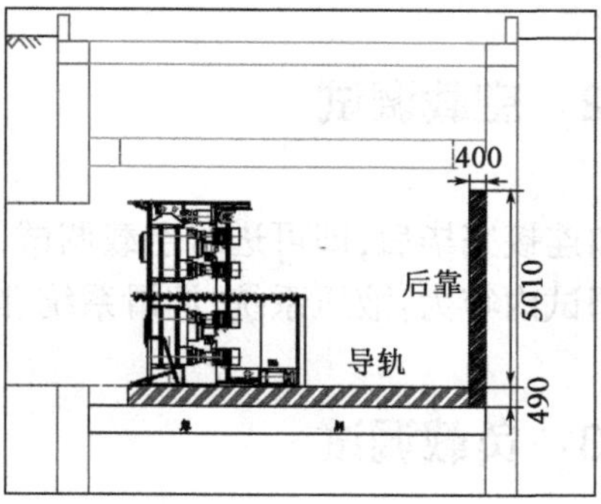

d)第四步：安装后下壳体

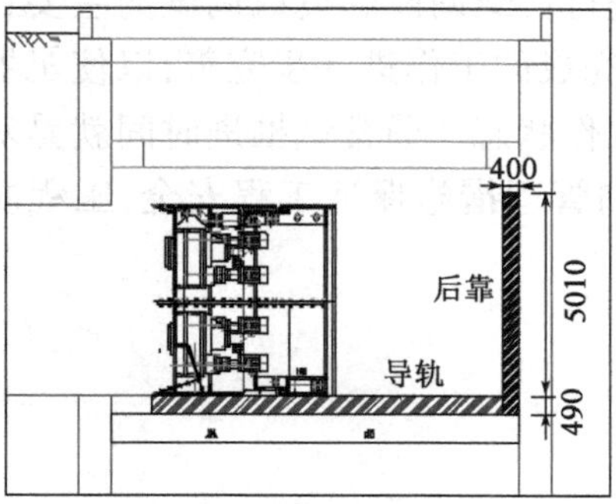

e)第五步：安装后上壳体

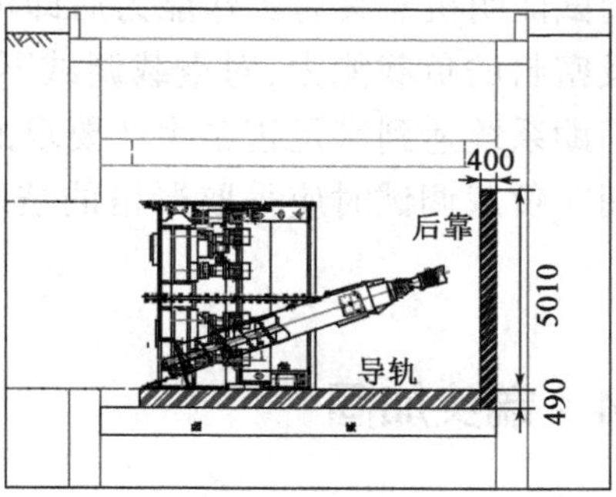

f)第六步：安装螺旋机

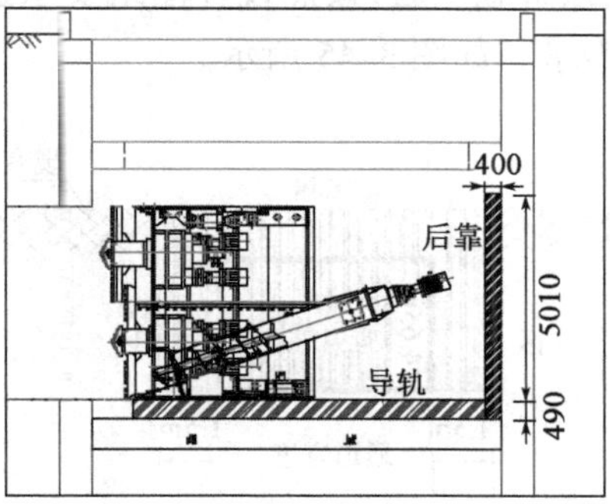

g)第七步：安装刀盘

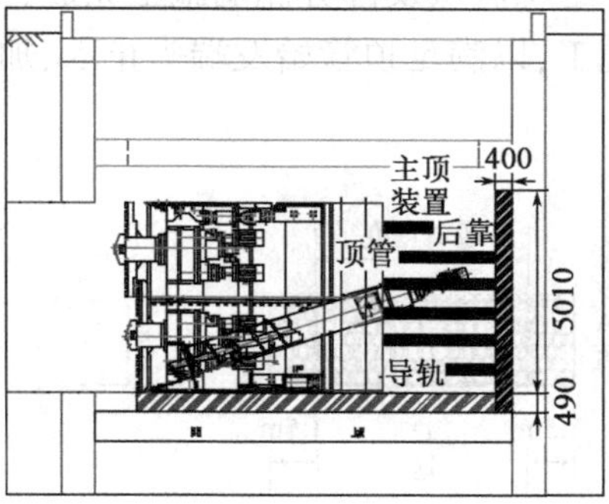

h)第八步：安装油缸系统及顶铁

图 3-43　下井组装工艺流程(尺寸单位:mm)

图 3-44　顶管机实物图

3.7.2 空载调试

组装和连接完毕后,即可进行空载调试,空载调试的目的主要是检查设备是否能正常运转。主要调试内容为:液压系统、润滑系统、配电系统、注浆系统以及各种仪表的校正。

3.7.3 负载调试

空载调试证明机器具有工作能力后即可进行负载调试。负载调试的主要目的是检查各种管线及密封的负载能力;对空载调试不能完成的工作进一步完善,以使机器的各个工作系统和辅助系统达到满足正常生产要求的工作状态。通常试推进时间就是对设备负载调试的时间。负载调试时应采取严格的技术和管理措施保证工程安全、工程质量及线形精度。

3.7.4 端头加固

工作井结构底板及部分侧墙施工完成,满足顶管施工后,按照设计图纸要求进行顶管端头区加固施工,以满足顶管始发端头止水、加固需求。如图 3-45 所示。

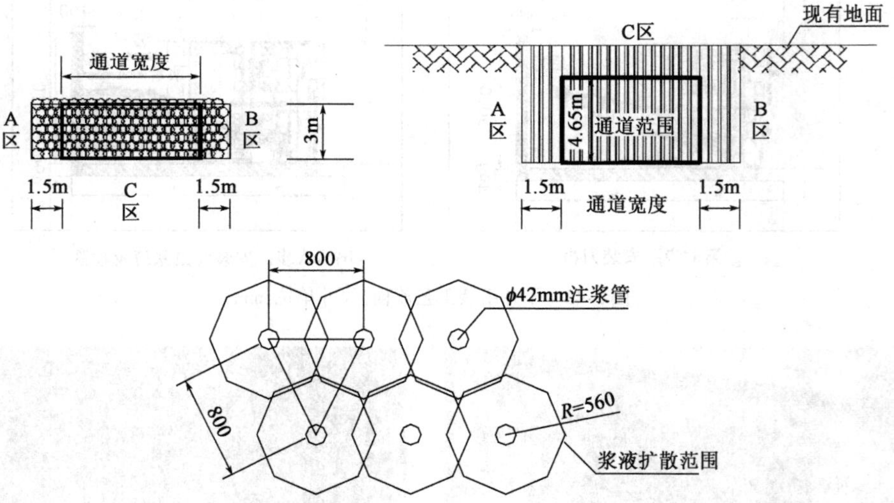

图 3-45 垂直注浆加固示意图(尺寸单位:mm)

3.7.5 洞门破除

(1)洞门凿除前,首先对钻机开孔检查加固区加固情况,开孔采用水钻钻机取孔,取孔深度以穿过围护结构进入加固区 20cm 为准(局部塌孔须加深),取孔数量及位置如图 3-46 所示。

(2)加固土体若不能满足设计要求或洞门水平探孔出现漏水,采用 1:1 的水泥浆或双液浆进行压密注浆,补充加固。注浆方法为从地面钻孔和洞门水平钻孔进行补充注浆,直至端头加固效果满足设计要求为止。

(3)洞门破除采用人工风镐分层分块破除,第一阶段凿除表层 100mm 混凝土,并割除表层钢筋,第二阶段自上而下凿除内层混凝土,露出里层钢筋,里层钢筋割除完毕后,及时清理破除后的混凝土块。

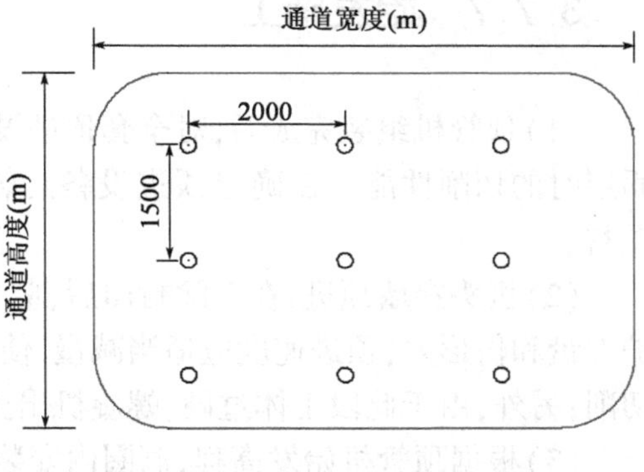

图 3-46　钻孔桩开孔图

3.7.6　洞门密封装置安装

为了防止始发推进时泥土、地下水从土压平衡矩形顶管壳体和洞门的间隙处流失,以及土压平衡矩形顶管尾部通过洞门后触变泥浆浆液的流失,在始发时需安装洞门临时密封装置,洞口密封采用 1 道折叶式密封压板 +1 道帘布橡胶板。施工分两步进行:第一步是在始发端墙施工工程中,做好始发洞门预埋件的埋设工作。预埋件必须与端墙结构钢筋连接在一起。第二步是在始发之前,清理完洞口的渣土,完成洞口密封压板及帘布橡胶板的安装。洞门密封装置形式如图 3-47 所示。

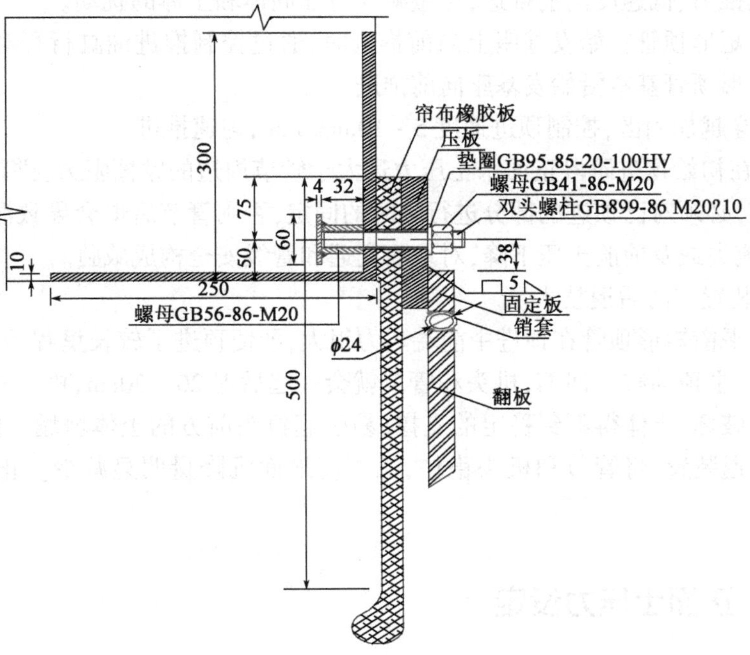

图 3-47　洞门密封图(尺寸单位:mm)

3.7.7 始发施工

(1)顶管机组装完成后,对全套顶进设备作一次系统调试,应特别注意仿形刀在穿越加固层时的切削性能。在确定顶进设备运转情况良好后,把机头顶进洞圈内距加固层10cm左右。

(2)机头穿墙顶进:在破除封门后,应立即开始顶进机头。由于正面一般为加固土,为保护刀盘和仿形刀,顶进速度应适当减慢,使刀盘和仿形刀能对水泥土进行矩形断面进行彻底切削;另外,由于此段土体过硬,螺旋机出土时可加适量清水来软化和润滑土体。

(3)根据顶管机始发高程,洞圈内安装铁枕,并将始发架延伸至洞口,使得顶管机在出洞阶段不会产生“磕头”现象。同时,顶管机就位时,可稍微将机头垫高,保持出洞时顶管机有一向上的趋势。调整后座主推千斤顶的合力中心,出洞时加密测量顶管机的偏差,一旦发现有“磕头”趋势,立即用后座千斤顶进行纠偏。

(4)推进注意事项。

在进行始发基座、后靠背定位时,要严格控制始发基座、后靠背的安装精度,确保土压平衡矩形顶管始发的轴线与设计线路重合。

始发前在基座轨道上涂抹油脂,减少土压平衡矩形顶管推进阻力,在刀头和帘布橡胶板上涂抹油脂,避免推进时刀头损坏洞门帘布橡胶板。

在始发阶段,由于地层受加固影响相对较硬,而土压平衡矩形顶管始发基座相对不会变形,要特别注意土压平衡矩形顶管姿态控制,尽量避免土压平衡矩形顶管低头与偏离。始发推进时采取低推力、低速度向前推进,尽量减少对加固体和土体的扰动。

土压平衡矩形顶管在始发基座上向前推进时,通过控制推进油缸行程和加配重等方式使土压平衡矩形顶管基本沿始发基座向前推进。

(5)顶管穿越加固区,控制顶进速度5~10mm/min,匀速推进。

(6)由于在初始顶进阶段正面水土压力远大于管节周边的摩擦阻力,拼装管节时主推千斤顶在缩回前,必须对已顶进的部分进行临时的固定,否则管节后退会导致洞口止水装置受损,导致水土流失或及前舱土压下降,对地面交通和管线安全构成威胁。

(7)止退装置与防后退技术。

由于土压平衡矩形顶管在顶进中前端阻力很大,即便顶进了较长里程后,在每次拼装管节或加垫块时,主顶油缸一回缩,机头和管节就会一起后退20~30cm,机头和前方土体间的土压平衡受到破坏,土体得不到稳定的支撑,易引起机头前方的土体坍塌。因此,在前基座上安装一套止退装置,将管节和机头稳住,从而使地面沉降量明显减少。止退装置示意如图3-48所示。

3.7.8 正面土压力设定

根据Rankine土压力理论进行计算:

$$P_{上(下)} = k\gamma z \tag{3-1}$$

式中：k——软土的侧向系数（参考《基坑开挖手册》）；

γ——土的重度；

z——覆土深度；

$P_{上}$——管道顶部的侧向土压力；

$P_{下}$——管道底部的侧向土压力。

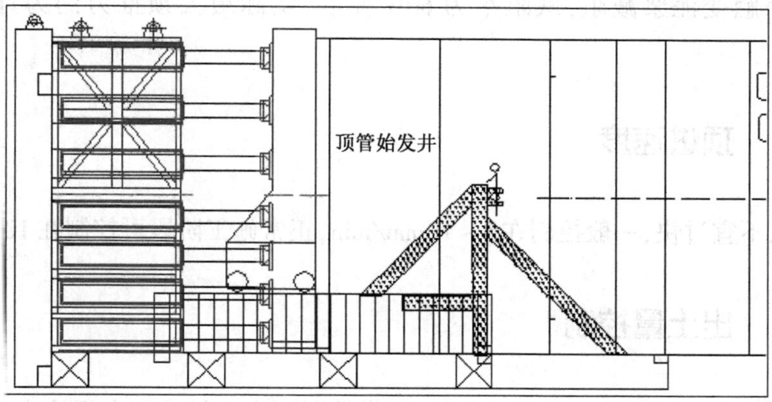

图 3-48　止退装置示意图

(1)计算值作为土压力的最初设定值，在实际顶进后，通过顶进参数、地面沉降监测，进行动态调整。

(2)精确统计出每节管节的出土量，力争使之与理论出土量保持一致，以保证正面土体的相对稳定。

(3)在顶进时应对顶进速度不断做调整，找出顶进速度、正面土压力、出土量的最佳匹配值，以保证顶管的顶进质量。

3.7.9　顶进推力

根据施工经验得出计算公式：

$$P = Sq_r + (RF + Wf)L \tag{3-2}$$

式中：P——顶力（kN）；

S——刃刀的外周长（m）；

q_r——顶进端的阻力（kN/m）；

R——土和管的摩擦力（kN/m²）；

F——管的外周长（m）；

W——管的单位重量（kN/m）；

f——管自重的摩擦系数；

L——顶进长度（m）。

其中部分计算参数如表 3-5 所示。

顶推力参数表 表3-5

土　质	q_r(kN/m)	R(kN/m^2)	f
软弱土	3～10	0.4～1.0	0.2
普通土	5～15	0.8～1.4	0.3
硬质土	10～30	1.2～2.5	0.4

由于采用触变泥浆减阻，减阻率为60%左右，实际最大顶推力约为计算顶力值×60% T。

3.7.10　顶进速度

初始阶段不宜过快，一般控制在5～10mm/min，正常施工阶段可控制在10～20mm/min。

3.7.11　出土量控制

(1)严格控制出土量，防止超挖或欠挖，正常情况下出土量控制在理论出土量的98%～102%，根据设计图计算每一节的理论出土量。

(2)施工过程中采用容积控制法，小车满斗容量为3.5m^3，土体按照1.25倍的松散系数计算，每出满1斗土，计算出理论顶进深度。

(3)顶管工程中，管内的出泥量要与顶进的取泥量相一致，出泥量大于顶进取泥量，地面会沉降，出泥量小于顶进取泥量，地面会隆起。这都会造成管道周围的土体扰动，只有控制出泥量与顶进取泥量相一致，才不会影响管道周围的土体，从而才能维护地面不受影响，而要做到出泥量与取泥量一致的关键是严格控制土体切削掌握的尺度，防止超量出泥。

3.7.12　管节安装

每节管节安装前，需先粘贴止水圈，管节与管节的接口部分按设计要求进行嵌填。同时，尽量保证管节与机体处于同心同轴状态。管节相连后，应在同一轴线，不应有夹角、偏转，受力面应均匀。如图3-49所示。

3.7.13　触变泥浆制备及压注

(1)顶管管节设置10个注浆孔，压注触变泥浆填充管道的外周空隙以减少地层损失控制地面沉降和减少顶进阻力。

(2)采用泥浆搅拌机进行制浆。纯碱和CMC(化学浆液)应预先化开(CMC可以边搅拌边添加)，再加入膨润土搅拌20min，泥浆要充分搅拌均匀。注浆泵采用专用泵，将其固定在始发井口，拌浆机出料后先注入储浆桶，拌制后的浆液在储浆桶中需经过一定时间（不小于24h），膨化后方可通过专用泵送至井下。

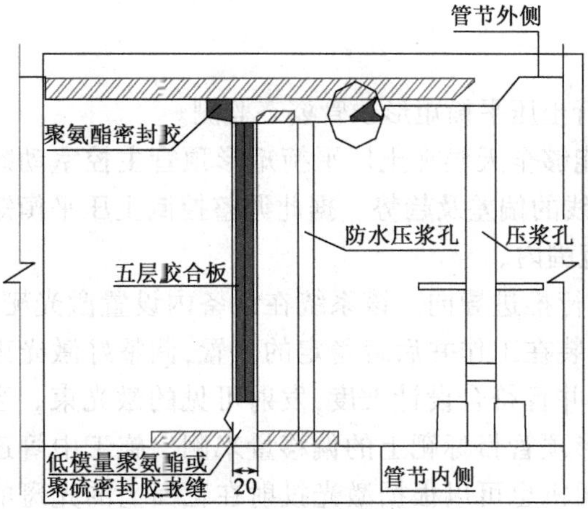

图 3-49　管节安装示意图（尺寸单位：cm）

（3）触变泥浆浆液配制，见表 3-6、表 3-7。

触变泥浆配比　　表 3-6

膨润土	水	纯碱	CMC
25	100	1	1

触变泥浆性能指标　　表 3-7

项次	项目	性能指标	检验方法
1	密度	$1.1 \sim 1.16g/cm^3$	泥浆密度剂
2	黏度	≥30s	500mL 漏斗法
3	pH 值	7	pH 剂

（4）本工程所要求的浆液应不失水、不沉淀、不固结，既要有良好的流动性，又要有一定的稠度。所压润滑浆液主要成分为膨润土、纯碱以及 CMC（化学浆液）。

（5）触变泥浆注入原则与注入量。

顶进时压浆要及时，确保形成完整、有效的泥浆套，必须遵循"先压后顶、随顶随压、及时补浆"的原则。管节上的压浆孔供补压浆用，补压浆的次数及压浆量需根据施工时的具体情况而定。

顶进施工中，触变泥浆的用量主要取决于管道周围间隙的大小及周围土层的特性，由于泥浆的流失及地下水等的作用，泥浆的实际用量一般取理论值的 2～3 倍，在施工中还需根据土质情况、顶进状况及地面沉降的要求等做适当的调整。

以 1 环为例：

注浆量：$2 \times (6.92 \times 4.67 - 6.9 \times 4.65) \times 1.5 = 0.7(m^3)$。

注浆压力：$P = (2 \sim 3) \times 18 \times 4 = 144 \sim 216(kPa)$。

3.7.14 施工轴线控制

推进方向控制与调整采取以下两种方式:

(1)推进自动导向系统和人工测量辅助进行土压平衡矩形顶管姿态监测。

该系统配置了导向、自动定位、显示器等,能够全天候在土压平衡矩形顶管主控室动态显示土压平衡矩形顶管当前位置与隧道设计轴线的偏差及趋势。据此调整控制土压平衡矩形顶管推进方向,使其始终保持在允许的偏差范围内。

土压平衡矩形顶管采用激光制导的方法进行推进导向。该系统在设备内设置激光靶,洞口始发井处设置激光全站仪。激光全站仪安装在工作井后背稳定的位置,调整好激光束的位置和方向,使激光束与管道的中心线平行,并且符合设计坡度,发射可见的激光束。当顶进一段距离后,量测激光束打在土压平衡矩形顶管目标靶上的偏移量来测出施工中管道的高程及中心偏差。同时,土压平衡矩形顶管司机也可以根据激光投射在靶面上的光斑的位置,直接判断土压平衡矩形顶管的姿态。随着顶进距离的增加,定期校核激光束的位置,使管子始终沿着设计的方向线前进。同时,机内设置倾角传感器,利用传感器检测土压平衡矩形顶管的滚动状况,并在显示屏上进行角度显示。

随着土压平衡矩形顶管推进,导向系统后视基准点需要前移,必须通过人工测量来进行精确定位。为保证推进方向的准确可靠,拟每 10m 进行一次人工测量,以校核自动导向系统的测量数据并复核土压平衡矩形顶管的位置、姿态,确保土压平衡矩形顶管推进方向的正确。

(2)操作土压平衡矩形顶管铰接油缸控制土压平衡矩形顶管推进方向。

根据线路条件所做的分段轴线拟合控制计划、导向系统反映的土压平衡矩形顶管姿态信息,结合隧道地层情况,通过操作土压平衡矩形顶管的铰接油缸来控制推进方向。

同时可以在土压平衡矩形顶管的壁上注泥浆,通过压力差变化来调整方向。

(3)方向控制及纠偏注意事项。

在切换刀盘转动方向时,应保留适当的时间间隔,切换速度不宜过快。切换速度过快可能造成管节受力状态突变,而使管节损坏。

根据掌子面地层情况及时调整推进参数,调整推进方向时应设置警戒值与限制值。当土压平衡矩形顶管姿态接近警戒值时就应该实行纠偏程序。

修正及纠偏时应缓慢进行,如修正过程过急,反而更加明显。在直线推进的情况下,应选取土压平衡矩形顶管当前所在位置点与设计线上远方的一点做一直线,然后再以这条线为新的基准进行线形管理。

推进油缸油压的调整不宜过快、过大,否则可能造成管节局部破损甚至开裂。

土压平衡矩形顶管始发、到达时方向控制极其重要,应按照始发、到达推进的有关技术要求,做好测量定位工作。

3.7.15 浆液置换

顶进施工完成后,为减少土体后期沉降,提高隧道整体防水性能,须加注水泥浆对触变泥浆进行置换,固结隧道。选用1:1的水泥浆液,通过注浆孔置换管道外壁浆液,根据不同的水土压力确定注浆压力。如图3-50、图3-51所示。

图3-50 泥浆搅拌

图3-51 泥浆置换

3.7.16 预应力张拉

为降低顶管通道运营过程中由于纵向变形导致接头漏水的风险,对顶管通道采用纵向穿锚索的方式加强纵向刚度。锚索孔在管节预制时预留,管节间预留阴阳榫头以保证施工时锚索孔道在一条直线上。待顶管管节安装完成后,进行穿筋张拉,张拉完成后预应力管道进行灌浆、封锚。预应力孔道布置图如图3-52所示。

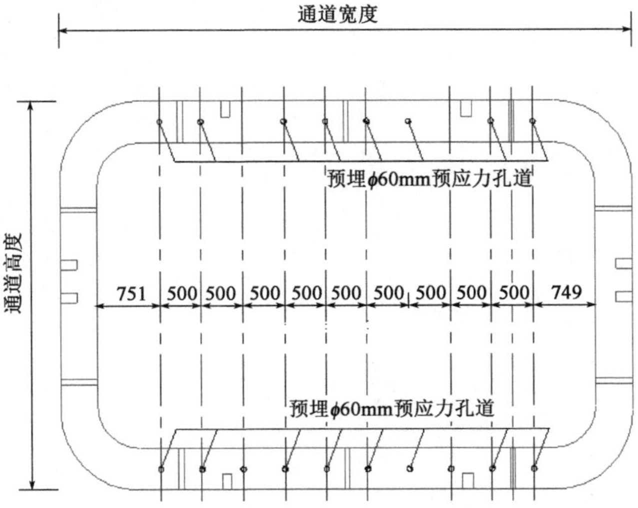

图3-52 预应力孔道布置图(尺寸单位:mm)

预应力钢绞线采用抗拉强度标准值$f_{pk}=1860$MPa、公称直径$d=15.2$mm的低松弛高强度钢绞线，其力学性能指标应符合《预应力混凝土用钢绞线》(GB/T 5224—2003)的规定。弹性模量$E_p=1.95\times105$MPa，松弛率$\rho=0.035$，松弛系数$\xi=0.3$；锚具采用M15-5型。

第4章

四线换乘超大规模地铁车站周边环境风险控制形式及新技术

Application of Key Construction Technologies of Four-line Transfer to Super Large Scale Metro Station

面向挑战的隧道及地下工程

Application of Key Construction Technologies of Four-line Transfer to Super Large Scale Metro Station

4.1 周边环境加固形式的确定

4.1.1 MJS 双重管旋喷桩加固

随着中国经济的飞速发展和城市化进程的加快,城市建设进入大发展时期,各地建设热情日渐高涨,但日益繁华的城市为施工创造的条件越来越少,施工难度越来越大、留给施工的空间越来越小,主要表现在部分地下结构为了拓宽新功能,往往需要在既有结构下方的低净空条件下进行围护结构施工。

MJS(Metro Jet System)工法又称全方位高压喷射工法,最初是为了解决水平旋喷施工中的排浆和环境影响问题而开发出来的,之后由于其独特优势和工程需要,又应用到倾斜和垂直施工上。

1)工艺原理

MJS 工法在传统高压喷射注浆工艺的基础上,采用了独特的多孔管和前端造成装置(习惯称之为 Monitor),实现了孔内强制排浆和地内压力监测,并通过调整强制排浆量来控制地内压力,大幅度减少对环境的影响,而地内压力的降低也进一步保证了成桩直径。

2)工艺特点

(1)可以"全方位"进行高压喷射注浆施工

MJS 工法可以进行水平、倾斜、垂直各方向、任意角度的施工。特别是其特有的排浆方式,使得在富水土层、需进行孔口密封的情况下进行水平施工变得安全可行。

(2)桩径大,桩身质量好

喷射流初始压力达 40MPa,流量 90 ~ 130L/min,使用单喷嘴喷射,每米喷射时间 30 ~ 40min(平均提升速度 2.5 ~ 3.3cm/min),喷射流能量大,作用时间长,再加上稳定的同轴高压空气的保护和对地内压力的调整,使得 MJS 工法成桩直径较大,可达 2 ~ 2.8m(砂土 $N<70$,黏土 $C<50$)。由于直接采用水泥浆液进行喷射,其桩身质量较好。

(3)对周边环境影响小,超深施工有保证

传统高压喷射注浆工艺产生的多余泥浆是通过土体与钻杆的间隙,在地面孔口处自然排出。这样的排浆方式往往造成地层内压力偏大,导致周围地层产生较大变形、地表隆起。同时在加固深处的排泥比较困难,造成钻杆和高压喷射枪四周的压力增大,往往导致喷射效率降低,影响加固效果及可靠性。MJS 工法通过地内压力监测和强制排浆的手段,对地内压力进行调控,可以大幅度较少施工对周边环境的扰动,并保证超深施工的效果。

(4)泥浆污染少

MJS 工法采用专用排泥管进行排浆,有利于泥浆集中管理,施工场地干净。同时对地内压力的调控,也减少了泥浆"窜"入土壤、水体或是地下管道的现象。

4.1.2 双重管旋喷桩+袖阀管注浆

车公庙枢纽站地处福田核心城区,地面交通繁忙、地下管线密布。7号线和9号线车公庙站位于泰然工贸园与香蜜湖路之间,并侵入香蜜湖路4~8m,距离泰然工贸园建筑基础3.38~7.8m。

施工区附近建(构)筑物密集,对施工影响较大的主要建(构)筑物有5栋。如图4-1所示。

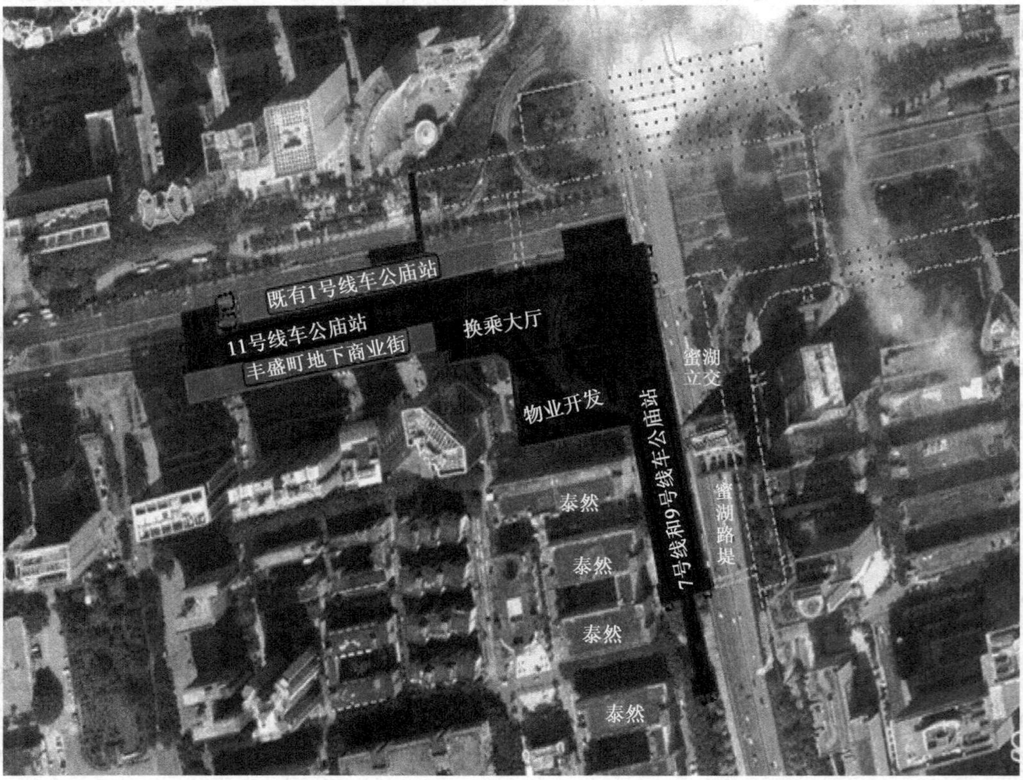

图4-1 车公庙枢纽工程周边建(构)筑物示意图

根据调查结果,主要建筑物基础类型及周边建筑物如表4-1所示。

车公庙站周边临近主要建(构)筑物情况统计表 表4-1

序号	站点名称	建(构)位置	结构(基础)类型	相对位置关系	产权单位	初步设计措施
1	7号线和9号线车公庙站	泰然201号	8层,桩基础,桩长15.5m	开挖基坑距离楼层结构基础东侧水平距离3.38~5.55m	深业泰然(集团)股份有限公司	结构外围加固,基础跟踪加固

续上表

序号	站点名称	建(构)位置	结构(基础)类型	相对位置关系	产权单位	初步设计措施
2	7 号线和 9 号线车公庙站	泰然 202 号、203 号	7 层,桩基础,桩长 15.5m	车站基坑距离楼层结构基础东侧水平距离 5.55 ~ 7.80mm	深业泰然(集团)股份有限公司	结构外围加固,基础跟踪加固
3		泰然 204 号	7 层,桩基础,桩长 15.5m	与车站基坑水平距离 16.7m	深业泰然(集团)股份有限公司	结构外围加固,基础跟踪加固
4		香蜜湖立交桥	钢筋混凝土结构,桩基础	侵入 7 号线和 9 号线车站结构最大达 8m,需拆除立交桥西辅导桥	深圳市交通管理局	拆除并另选址新建
5		香蜜湖路路堤	钢筋混凝土挡土墙,均高 6.3m,长约 200m	侵入 7 号线和 9 号线车站 7.6 ~ 9.7m 的香蜜湖路,需拆除	深圳市交通管理局	分层拆除路堤并采用锚索 + 挡土墙保护路堤

车站与泰然工贸园位置关系如图 4-2 所示。为保证连续墙成槽的质量,对较厚的透水层段,在连续墙导墙施工前,采取三排双重旋喷桩施工工艺预加固土体形成止水帷幕,以减小连续墙成槽时对房屋的影响。同时,7 号线和 9 号线车公庙站施工可能对泰然工贸园产生影响,在施工过程中必须加以严格的控制。为了确保建筑物的安全,根据设计要求,在建筑物 201 ~ 204 周边预埋袖阀管,暂不注浆。在基坑施工过程中,持续关注建筑物沉降情况,一旦周围建筑物变形达到监测报警值,启动应急方案措施进行袖阀管补偿注浆。袖阀管施工区域为车站西侧泰然工贸区 466 根矩阵 1000mm × 1000mm 形式布置,旋喷桩施工区域为 7 号线和 9 号线北端头井 ϕ600mm@ 450mm 两排双重旋喷桩,车站西侧泰然工贸区 ϕ600mm@ 450mm 三排双层旋喷桩。

为减小连续墙成槽施工时对房屋的影响,保证连续墙成槽的施工质量,对较厚的透水层段,在连续墙和房屋侧设置三排 ϕ600mm@ 450mm 双重管旋喷桩,7 号线和 9 号线北端头设置双排 ϕ600mm@ 450mm 双重管旋喷桩,对土体进行预加固处理,加固深度为 21m,旋喷桩加固范围及平面位置如图 4-2 所示,周边建筑旋喷桩加固平面布置如图 4-3 所示。

因旋喷桩施工区域管线横穿或斜穿,在施工前先必须人工挖探沟探明管线,并给予保护,方允许进行作业,同时合理调整桩位,避免损坏管线。对于场地内横穿基坑的雨水、给水管,管两侧预留 1m。旋喷注浆参数根据土质条件,施工加固前先进行试桩,根据监测数据调整注浆压力,并在施工中严格加以控制,水泥浆液宜采用强度等级为 42.5 级的普通硅酸盐水泥。

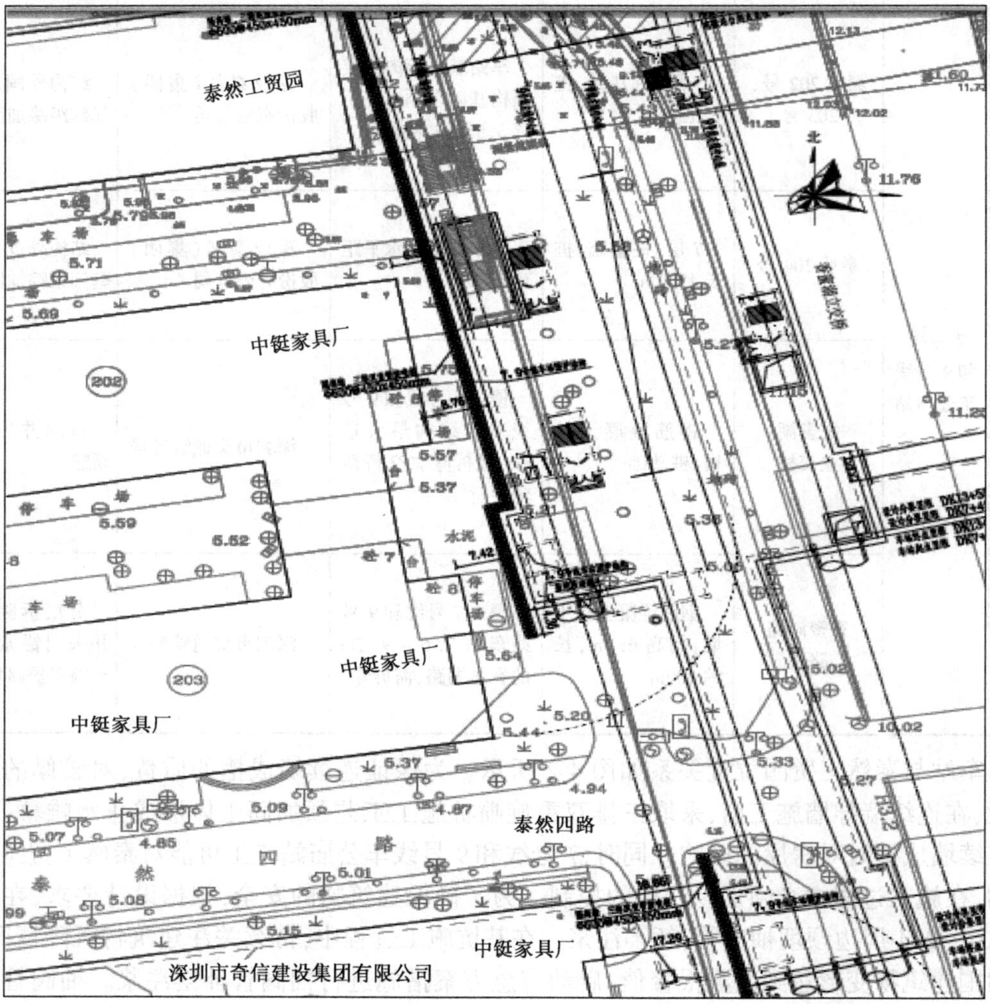

图 4-2　车站周边建筑旋喷桩加固平面布置示意图

7 号线和 9 号线车公庙站西侧紧邻泰然工贸园 201 ~ 204 栋、围护结构施工前，在泰然工贸园结构外侧预埋两排袖阀管，袖阀管桩间距 1000mm × 1000mm，周边建筑物袖阀管加固保护措施如图 4-4、图 4-5 所示。

袖阀管注浆采用地质钻机钻孔，采用泥浆护壁成孔，钻孔至砂层下 1m 或深度在 16m 以上时，下袖阀管至孔底，袖阀管管口与地面平齐，并用胶带密封管口，当监测结果达到预警值时，采用专用注浆机进行注浆。因袖阀管施工区域受管线影响，在袖阀管施工前必须人工探沟，探明管线后方允许施工，适当调整桩位，错开管线位置。

车站围护结构及基坑开挖施工过程中严格按照设计监测方案要求，对泰然工贸园进行监测，当监测结果达到预警值时，利用预留的袖阀管对泰然工贸园基础范围的土体进行注浆加固。

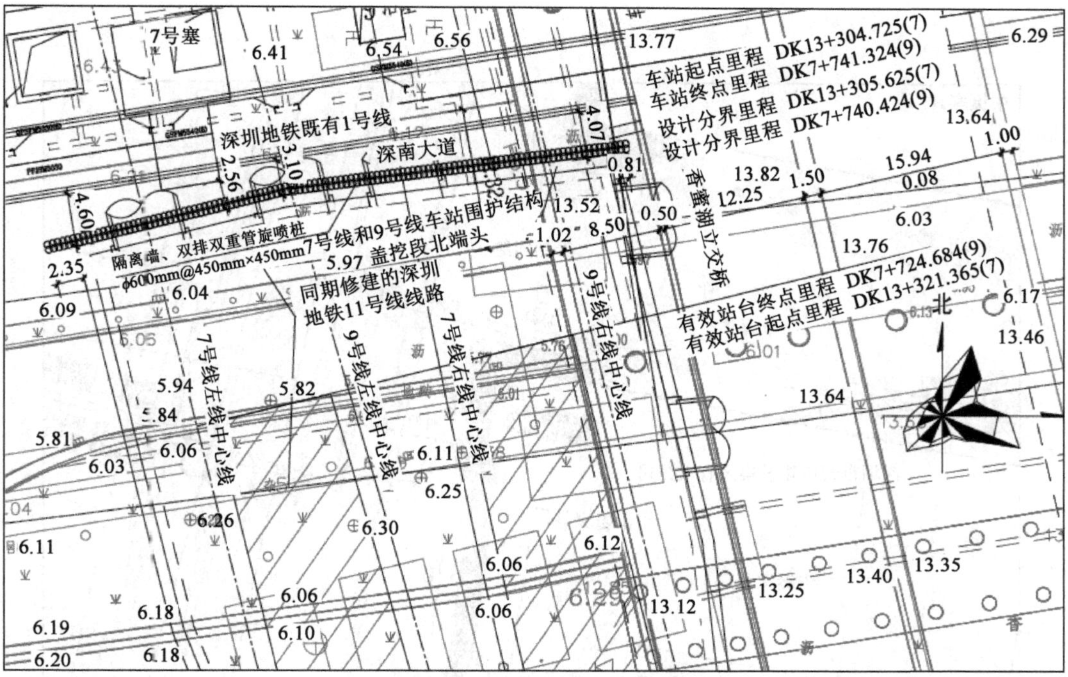

图 4-3 车站北端头旋喷桩加固平面布置示意图(尺寸单位:m)

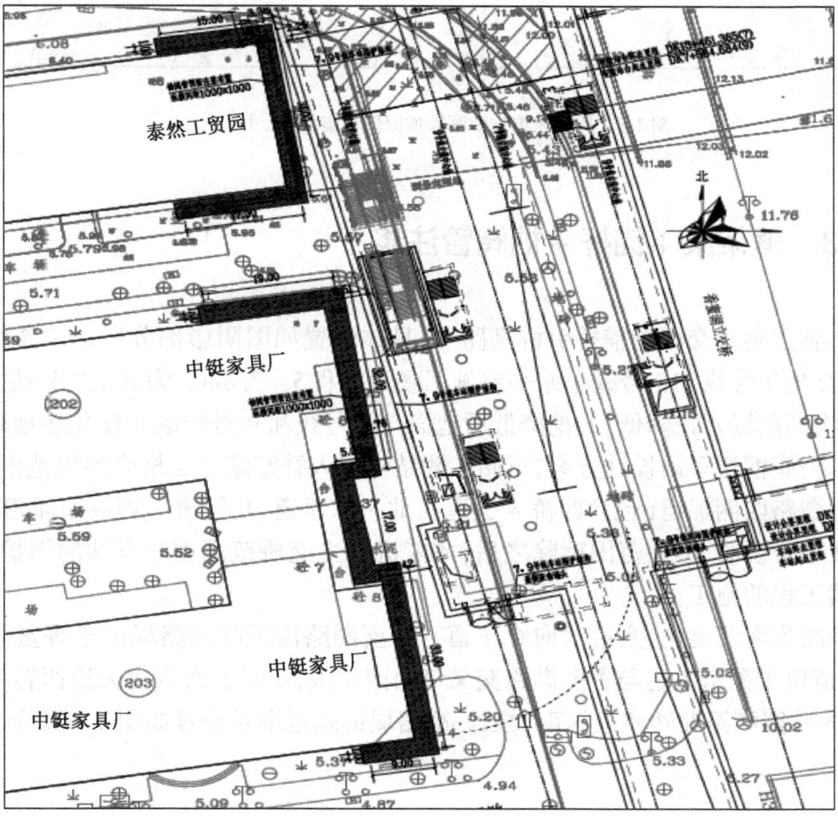

图 4-4 周边建筑物袖阀管加固保护措施(尺寸单位:m)

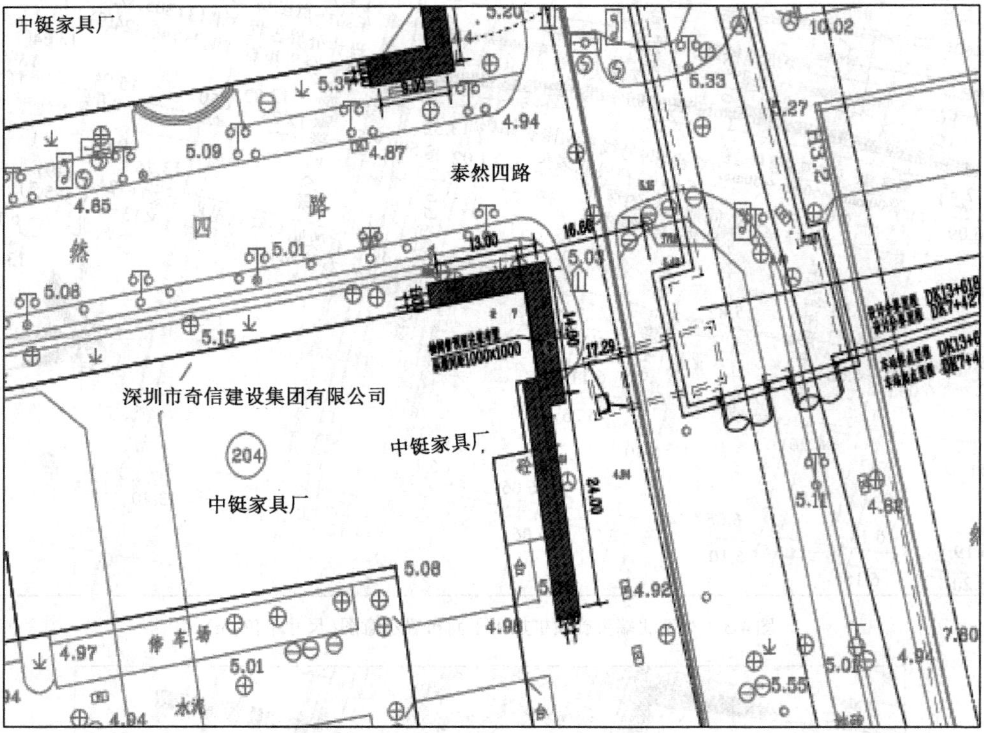

图 4-5　周边建筑物袖阀管加固保护措施(尺寸单位:m)

4.1.3　框架梁 + 锚杆 + 袖阀管注浆

深南—香蜜湖立交西侧辅桥引桥高路堤,具体位置如图阴影部分所示。高路堤由北往南为下坡,高出 7 号线和 9 号线车站平整施工场地高程 5 ~7.4m。为满足 7 号线和 9 号线车站施工,需将高路堤开挖降低,开挖降低后地面与 7 号线和 9 号线既有硬化场地顺接。根据深圳地铁车公庙枢纽车站设计方案,车站东侧结构侵入香蜜湖立交桥高路堤范围,施工期间需拆除香蜜湖路西侧辅道(包含西桥 + 引道)、北—东匝道(B 匝道)、西—南匝道(A 匝道)、香蜜湖立交 3 号桥洞,上述范围拆除之后,才能进行立交桥范围枢纽车站的围护结构、主体结构等后续工程的施工。

香蜜湖路为南北走向,主道双向 6 车道。香蜜湖路需拆除高路堤位于香蜜湖立交桥南侧,A、B 匝道位于深南大道与香蜜湖路交叉口西南象限,A 匝道为深南大道西转南上香蜜湖路,B 匝道为香蜜湖路北转东上深南大道。高路堤拆除范围及位置如图 4-6 所示。

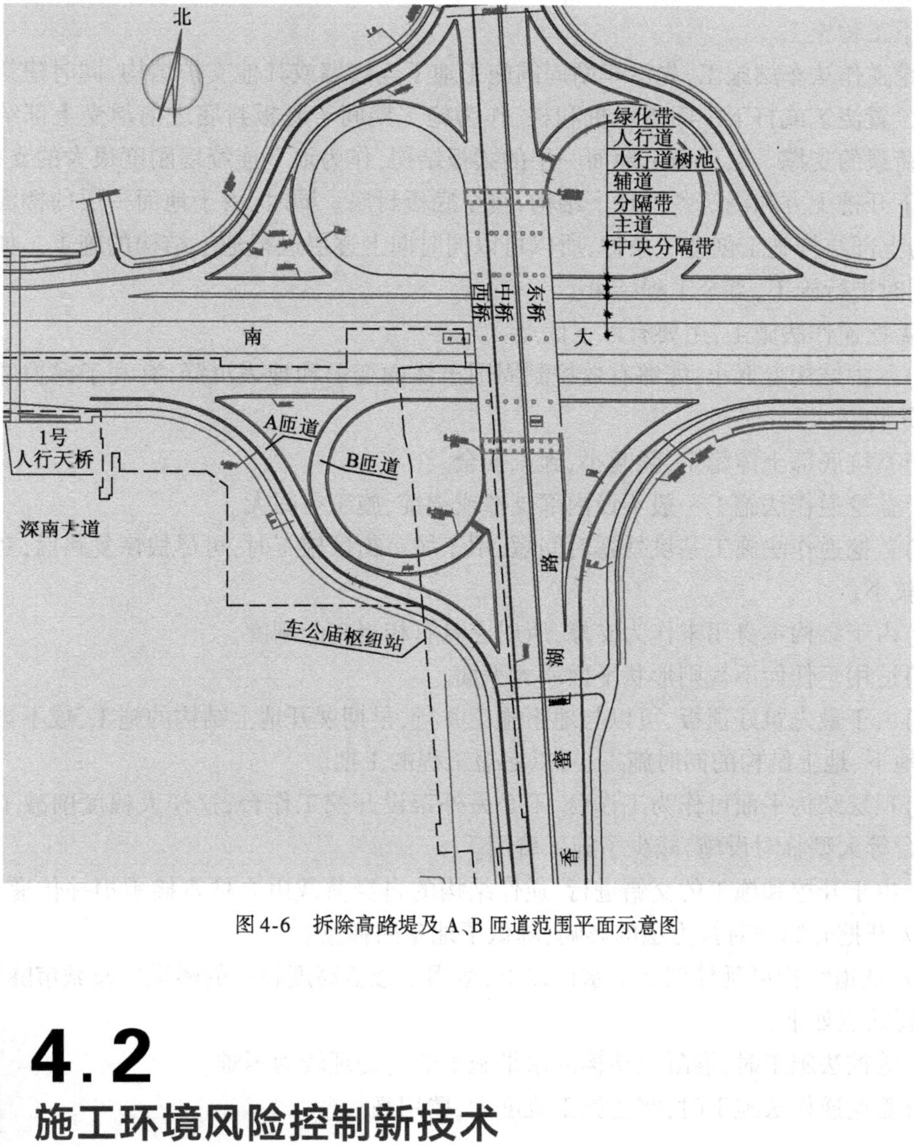

图 4-6 拆除高路堤及 A、B 匝道范围平面示意图

4.2 施工环境风险控制新技术

4.2.1 逆作法施工技术的应用

随着经济的迅速发展,地下工程建设(地下室、地铁车站等)如雨后春笋般纷纷涌起。在多数地下工程的施工中,均采用传统的正作法程序,即开挖基坑—施工基桩—施工底板—施工地下室竖向构件—施工地下室梁板。地下部分施工耗费的时间往往占据整个工程相当大的比例。近几年来,一种"逆作法"施工新技术正被逐渐运用并趋于成熟。该工法适用于高层建筑多层地下室、多层地下结构工程的施工,对工程有特殊要求,或用传统方法施工满足

不了要求而又十分不经济的情况下采用。特别是在繁华的商业区及交通复杂的车站等闹市区的地下工程施工。

盖挖逆作法车站施工,先沿车站周围施工地下连续墙或其他支护结构,同时建筑物内部的有关位置浇筑或打下中间支承桩和柱,作为施工期间于底板封底之前承受上部结构自重和施工荷载的支撑。然后施工地面一层的梁板结构,作为地下连续墙刚度很大的支撑,随后逐层向下开挖土方和浇筑各层地下结构,直至底板封底。同时,由于地面一层的楼面结构已完成,为上部结构施工创造了条件,所以可以同时向上逐层进行地上结构的施工。如此地面上、下同时进行施工,直至工程结束。

用盖挖逆作法施工,主要有以下优点:

(1)围护结构变形小,能够有效控制周围土体的变形和地表沉降,有利于保护邻近建筑物和构筑物。

(2)基坑底部土体稳定,隆起小,施工安全。

(3)盖挖逆作法施工一般不设内部支撑或锚锭,施工空间大。

(4)盖挖逆作法施工基坑暴露时间短,用于城市街区施工时,可尽快恢复路面,对道路交通影响较小。

(5)由于结构本身用来作为支撑,所以它具有相当高的刚度。

(6)适用于任何不规则形状平面或大平面。

(7)由于最先筑好顶板,可以与地下施工并行,早期展开地上结构的施工,或不影响路面交通。地下、地上结构的同时施工,可以缩短工程的工期。

(8)顶层结构平面可作为工作台,不必另外架设开挖工作台,这样大幅度削减了支撑和工作平台等大型临时设施,减少了施工费用。

(9)由于开挖和施工的交错进行,逆作结构的自身荷载由立柱直接承担并传递至地基,减小了大开挖时卸载对持力层的影响,降低了地基回弹量。

(10)隧道结构可延伸到地下水位以下,适用于覆盖高度较小的隧道以及城市隧道。

主要缺点如下:

(1)盖挖法施工时,混凝土结构的水平施工缝的处理较为困难。

(2)盖挖逆作法施工时,暗挖施工难度大、费用高。

4.2.2 现场生产废水利用技术应用

水是有限的资源,随着经济发展和人口持续增长,水资源缺乏,地下水严重超采,为了响应节约用水,物业开发因地制宜地采用了基坑降水、沉淀池、排水沟等措施。施工过程中采用新工艺,在降低工程成本的同时,节约了水资源。通过吸泵将降水井和集水坑中废水送入沉淀池沉淀,再将沉淀后的水用于消防、降尘、车辆冲洗、工区厕所冲洗,混凝土养护等。

1)施工流程

施工流程如图 4-7 所示。

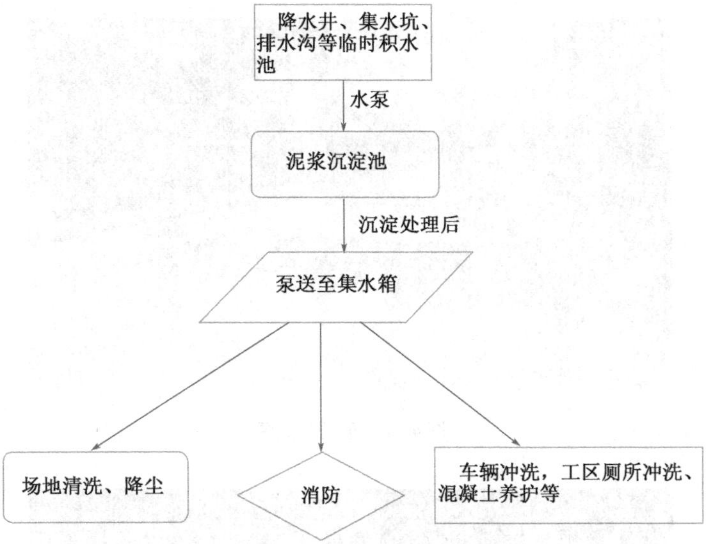

图 4-7　施工流程

2）施工场景

施工场景如图 4-8 ~ 图 4-12 所示。

图 4-8　在基坑周边设置集水池

图 4-9　基坑中设置降水井

图 4-10　泥浆沉淀池

图 4-11　车辆冲洗区

图 4-12　混凝土路面养护

4.2.3　高边坡防护技术应用

（1）对于自然高边坡：通过在坡体内施工预应力锚索、系统锚杆（土钉）或注浆加固，对边坡进行处治。系统预应力锚索为主动受力，单根锚索设计锚固力可高达 3000kN，是高边坡深层加固防护的主要措施。系统锚杆（土钉）对边坡防护的机理相当于螺栓的作用，是一种对边坡进行中浅层加固的手段。根据滑动面的埋深确定边坡不稳定块体大小及所需锚固力，一般多用预应力锚（索）杆有针对性地进行加固防护。为防治边坡表面风化、冲蚀或弱化，主要采取植物防护、砌体封闭防护、喷射（网喷）混凝土等作为坡面防护措施。

（2）对于堆积体高边坡：对集体高边坡的加固主要采取浅表加固、混凝土贴坡挡墙加预应力锚索固脚、浅表排水和深层排水降压的加固处理等技术。浅表加固采用中空注浆土锚，管加拱形骨架梁混凝土对边坡浅层滑移变形进行加固处理；边坡开挖切脚采用混凝土贴坡挡，墙加预应力锚索进行加固；在边坡治理采用浅表排水和深层排水降压相结合进行处置地表水和地下水的排放等。

4.3 特殊地层复杂线形下深基坑开挖防沉降技术

4.3.1 对基底土体进行加固

由于东西风道与1号线区间隧道位置关系的影响,造成大量围护结构的嵌固深度较小,同时东西风道基底与1号线区间之间土体的厚度较小,所以设计对基坑地板下的土体进行加固,加固土体底与连续墙底相同。

旋喷桩采用双管旋喷施工,桩径600mm,咬合150mm,如图4-13所示。水泥浆液宜采用强度等级为42.5级普通硅酸盐水泥。旋喷桩加固范围示意图如图4-14所示。

旋喷桩施工前进行试桩,以确定合理压力等参数避免压力过大对1号线区间造成不良影响。旋喷桩试桩及施工,通过自动化监测反馈的及时信息,严格控制注浆压力,不得对1号线区间造成不利影响。

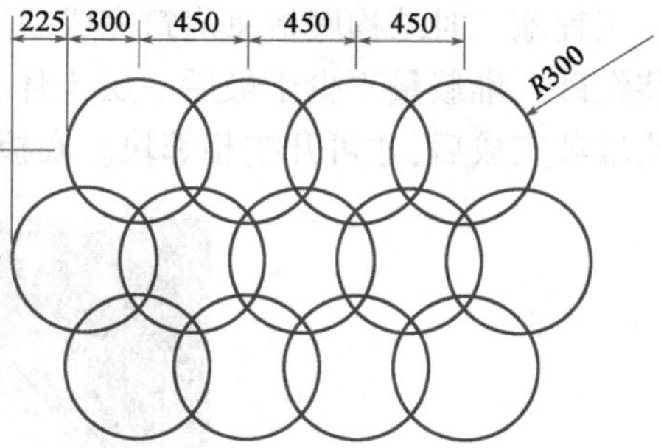

图4-13　咬合旋喷桩加固大样(尺寸单位:mm)

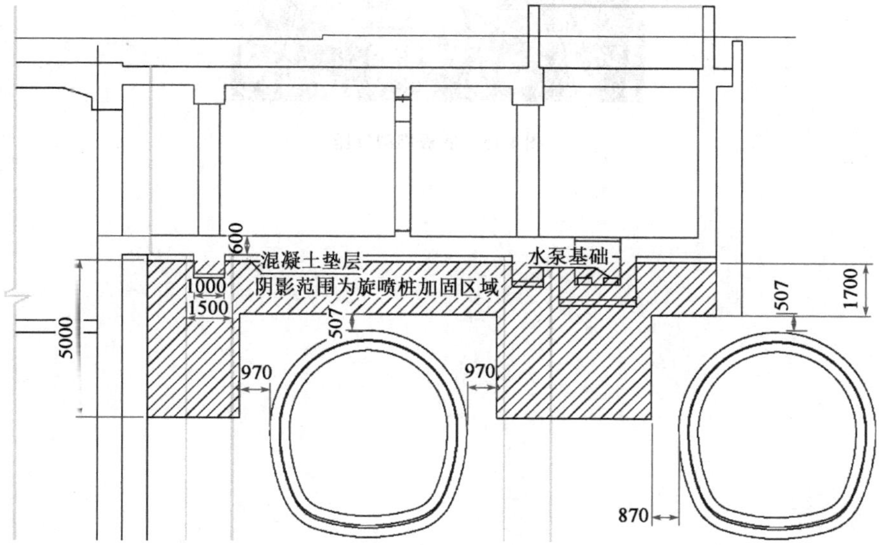

图4-14　旋喷桩加固范围示意图(尺寸单位:mm)

4.3.2　控制分段长度，及时完成结构施工

东西风道结构均采用盖挖逆作的方法施工，为了防止一次卸载土体过多，导致 1 号线隧道上浮或变形值过大，每层土方开挖均控制纵向分段长度，纵向分段长度由小到大进行试验开挖，根据监测情况找到每层的最佳纵向分段开挖长度，首段开挖长度控制在 6m。东西风道顶板以土方采用明挖法开挖，土方开挖到顶板后迅速组织顶板结构施工，当顶板结构施工完毕，达到设计强度并回填土后才能进行地下负一层土方开挖。在东西风道土方开挖及主体结施工过程中随时加强基坑变形及沉降。

4.3.3　预备反压物资，根据监测情况进行反压

工程施工时结构底板每浇筑完成一块，底板混凝土初凝 3～5h 后即开始堆载，堆载采用袋装钢砂。堆载量不少于最后一层土体重量，具体堆载量视隧道监测数据做相应调整。前一块堆载完成后，才可开挖相邻块。底板堆载反压示意图如图 4-15 所示。

图 4-15　底板堆载反压

面向挑战的隧道及地下工程

第 5 章

四线换乘超大规模地铁车站施工信息化监测技术

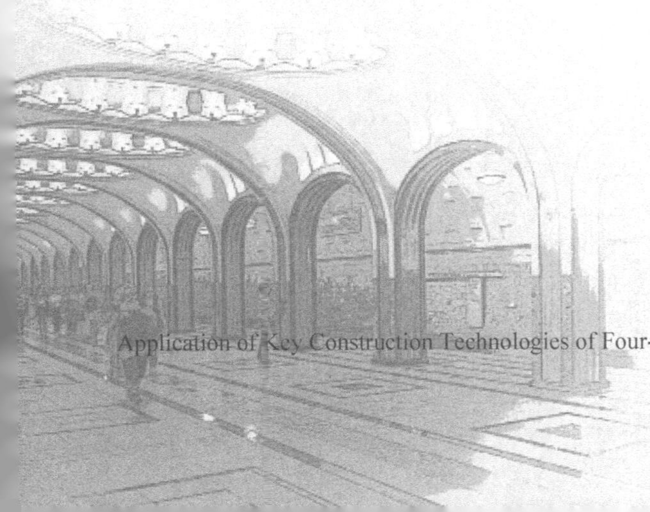

Application of Key Construction Technologies of Four-line Transfer to Super Large Scale Metro Station

面向挑战的
隧道及地下工程

Application of Key Construction Technologies of Four-line
Transfer to Super Large Scale Metro Station

5.1 监测重点和内容

车公庙枢纽站地处城市繁华区域，其交通复杂、高建筑密集，其监测目的是在保证交通车辆正常安全运行、周边建筑安全稳定的情况下，使施工顺利进行。

5.1.1 监测重点

(1)周边路面地表及高路堤。
(2)周边邻近建筑物。
(3)基坑周边地下管线。
(4)既有运营地铁车站线路及地下商业街。
(5)施工过程中自身结构变形及水位监测。

5.1.2 监测内容

监测内容见表5-1。

监 测 项 目 表　　表5-1

序号	监 测 项 目	仪　　器	监测精度	监 测 频 率
1	建筑物沉降及倾斜	Trimble DiNi 数字水准仪，铟钢尺	0.01mm	降水期间1次/天，达到降水位后1次/(2~5天)；基坑开挖时1次/天；主体结构施工时1次/(2~3天)；基坑回填1次/周
2	地表及管线沉降	Trimble DiNi 数字水准仪，铟钢尺	0.01mm	
3	地下水位	水位计	1mm	
4	围护结构水平位移	测斜仪，测斜管	0.2mm	基坑开挖时1次/1天；主体结构施工时1次/(2~3天)；基坑回填1次/周
5	围护桩顶水平位移	全站仪，棱镜等	0.5mm	
6	围护结构顶沉降	Trimble DiNi 数字水准仪，铟钢尺	0.01mm	
7	土体侧向水平位移	测斜仪，测斜管	0.2mm	
8	围护结构内力	钢筋计、频率接收仪	0.15% F.S	
9	支撑轴力	轴力计、频率接收仪	0.15% F.S	

5.2 自动化监测技术

5.2.1 优缺点对比分析

为了保证隧道的运营的安全,必须要对轨道的线路以及既有线路的情况进行监测。对于隧道的监测通常采用的是自动化监测和人工监测两种方式,两者各有优缺点。

(1)自动化监测

优点:利用自动化监测的优点是具有简便灵活、无人值守,采集数据的频率高,周期长(可24h不间断进行测量),并且适应性较强。

缺点:在于自动化监测容易受到周边环境的干扰,影响数据传输的稳定性。仪器长期运转后会发生小的偏差,需要人工调校,如果仪器出问题,地铁运营时间不能及时到达现场进行修复。

(2)人工监测

优点:可以对数据进行选择性处理,不容易被环境干扰,稳定性较强。

缺点:需要耗资巨大的人力物力,并且对于一些细微的环境变化感觉不灵敏,无法进行24h不间断测量。

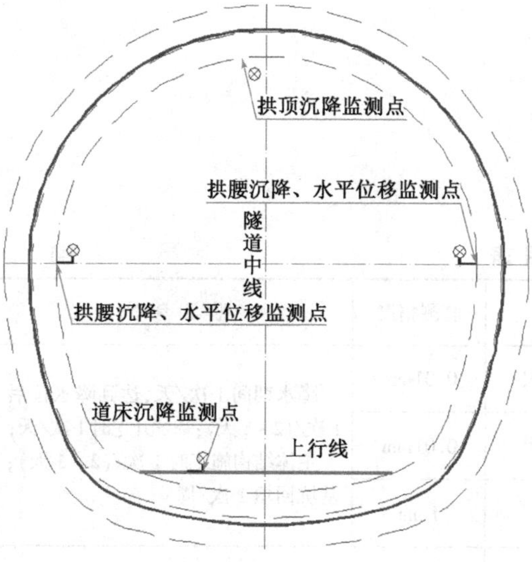

图5-1　监测点布置图

5.2.2 监测项目

监测项目见表5-2。监测点布量见图5-1。

监测项目表　　表5-2

断面位置	监测项目		备注
拱顶	沉降监测		见图5-1
拱腰	水平位移	沉降监测	见图5-1

5.3 监测信息反馈与施工效果评价

5.3.1 监测信息反馈

1）自动化监测

(1)系统架构

自动变形监测系统主要由数据采集、数据传输、系统总控、数据处理、数据分析和数据管理等部分组成，详见图 5-2。

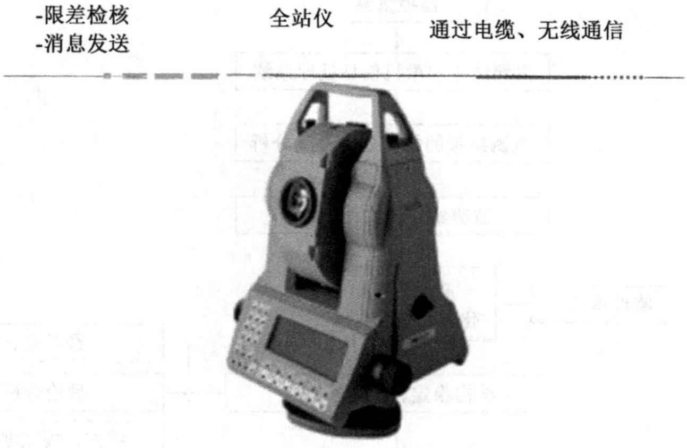

图 5-2　自动变形监测系统

(2)通信架构

自动变形监测系统通信模式分为远程遥控预案和紧急通信预案。具体通信模型如图 5-3 和图 5-4 所示。

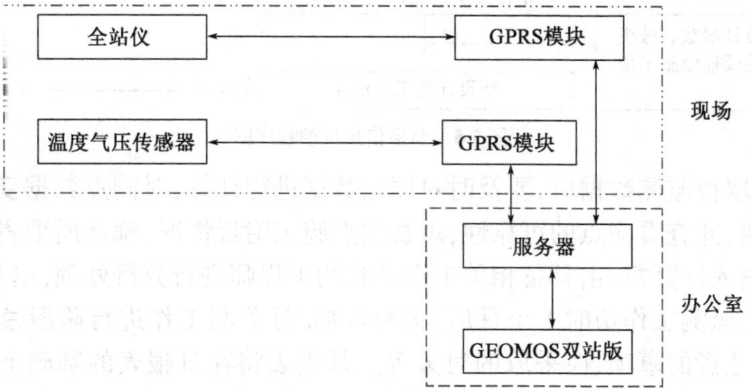

图 5-3　远程遥控预案

图 5-4　紧急通信预案

2）施工监测反馈程序

施工监测信息反馈流程见图 5-5。

监测信息主要以日报表、周报表月报表的形式进行施工期间的反馈工作。施工期间有特殊情况时，将以阶段小结形式进行及时反馈。

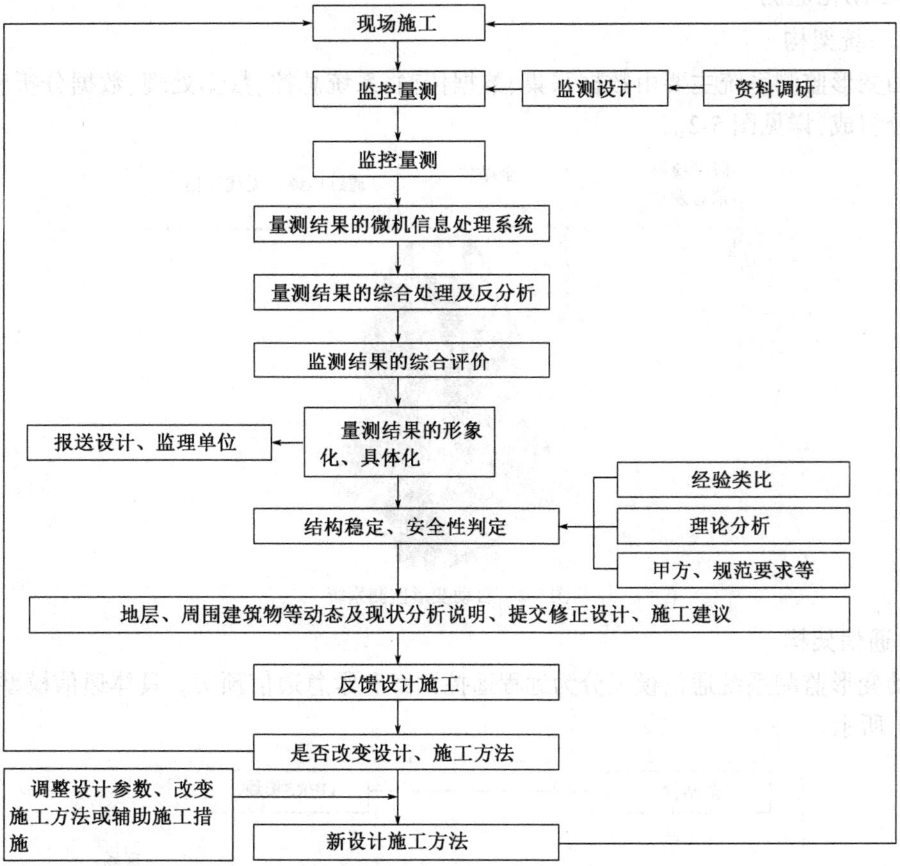

图 5-5　监测信息反馈程序图

日报表：在取得监测数据后，要及时对原始数据进行计算，对测点数据变化较大者，应组织人员进行复测，并查看测点的可靠性，观察测点施工附近情况，确认所取得数据的真实性，将所测得数据输入计算机，由具备相关工作经验的工程师进行分析处理，出具监测日报。

周/月报表：监测工作历时 1 个月后，将对本周/月监测工作进行阶段总结，提出施工中存在的问题、需注意的事项、应采取的对策等。月报表将在日报表的基础上，由相应软件直接输出，包括周/月报说明，分析图、表，汇总表，测点布置图，工况记录表等。

工程结束后，将根据业主要求，提供一份完善的施工期间监测总结报告。

5.3.2 施工效果评价

整个四线换乘枢纽工程，地表沉降最大位置为 7 号线和 9 号线基坑外侧与泰然工贸园 201 ~ 204 栋之间，最大沉降量为 25mm；车站基坑围护结构变形测斜最大为 7 号线和 9 号线基坑所对泰然工贸园 201 ~ 204 栋位置，最大变形量为 11.8mm；周边建构物最大沉降量为泰然工贸园 201 栋东北角，沉降量为 9.7mm；1 号线既有运营隧道最大上浮量为 5mm，水平位移 3mm；在施工过程中根据监测数据针对性地加强施工控制，真正做到了监测指导施工，整个枢纽所有监测数据均为超出相关规范及设计要求，整体控制成效得到认可。

参考文献

[1] 郑颖人. 地下工程围岩稳定分析与设计理论[M]. 北京:人民交通出版社,2012.

[2] 林银飞,郑颖人. 弹塑性有限厚条法及工程应用[J]. 工程力学,1997,14(2):108-113.

[3] 张向东,李永靖,张树光,等. 软岩蠕变理论及其工程应用[R]. 岩石特性、模型与设计方法国际岩石力学学术研讨会,2004.

[4] 孙钧. 地下工程设计理论与实践[M]. 上海:上海科学技术出版社,1996.

[5] 朱合华. 边界元法及其在岩土工程中的应用[M]. 上海:同济大学出版社,1997.

[6] 杨志法,熊顺成. 关于位移反分析的某些考虑[J]. 岩石力学与工程学报,1995,14(1):11-16.

[7] 杨林德. 岩土工程问题的反演理论与工程实践[M]. 北京:科学出版社,1995.

[8] 孙钧,蒋树屏,袁勇. 岩土力学反演问题的随机理论与方法[M]. 广东:汕头大学出版社,1996.

[9] 高大钊. 土力学可靠性原理[M]. 北京:中国建筑工业出版社,1989.

[10] 孔恒,王梦恕,陈湘生,等. 城市地铁隧道工作面开挖的地层变位规律[R]. 城市地下空间开发与地下工程施工技术高层论坛,2004.

[11] 沈明荣,陈建峰. 岩体力学[M]. 上海:同济大学出版社,2006.

[12] 彭一江,陈适才,彭凌云. 弹性力学[M]. 北京:科学出版社,2015.

[13] 姚谏. 建筑结构静力计算使用手册[M]. 2 版. 北京:中国建筑工业出版社,2014.

[14] 章广成,艾传井. 地基沉降预测模型和方法研究[J]. 煤田地质与勘探,2007,35(6):44-46.

[15] 朱红坤. 地铁地表沉降监测数据分析与交互处理[D]. 西安:西安建筑科技大学,2010.

[16] 徐奴文,李术才,戴峰,等. 岩质边坡微震活动特征及其施工响应分析[J]. 岩石力学与工程学报,2015,34(5):968.